Rolf Scheffbuch

Würdig und vorbereitet

Rolf Scheffbuch

Würdig und vorbereitet

*Wie wir gut leben
und sterben können*

BRUNNEN

VERLAG GIESSEN · BASEL

Pfarrer Rolf Scheffbuch, Prälat a.D., ist im Ruhestand u.a. als Prediger und als geistlicher Begleiter von Studienreisen tätig.

© 2006 Brunnen Verlag Gießen
www.brunnen-verlag.de
Lektorat: Petra Hahn-Lütjen
Umschlagmotiv: factum/Weise
Umschlaggestaltung: Sven Gerhardt
Satz: DTP Brunnen
Druck und Bindung: Ebner und Spiegel, Ulm
ISBN 10: 3-7655-3899-x
ISBN 13: 978-3-7655-3899-5

Inhalt

Für das Sterben vorgesorgt? 11

Die armen Zurückbleibenden 13

Erbschaftsgeschichten – so oder so 15

Auf das Leben vorbereitet sein 17

Was ist denn das Sterben „eigentlich"? 20

Es ist zu wenig, dem Sterben
entgegen zu leben! 24

Zum eigentlichen Leben eingeladen 27

Klug werden 28

Auf Wiedersehen! 32

Jesus ist es, der auf das Wiedersehen
Wert legt 35

Jesus will die Seinen noch einmal
zu Gesicht bekommen 37

Ich möchte Angehöriger des Christus Jesus
sein 40

Jesus will auf die nicht verzichten, die er in
seinen Blick genommen hat 44

5

Man kann sich auf das Wiedersehen mit Jesus
freuen   47

Nicht nur auf das Sterben fixiert sein   50

Aufrufe zum Fertigmachen   53

Letzte Aufrufe zum Glauben an Jesus   55

Das ganz Besondere am Glauben   58

Das Wort des Christus Jesus
weckt den Glauben   60

Welch eine Wohltat, zum Glauben
eingeladen zu sein!   64

Warum eigentlich immer Jesus?   67

Mit Jesus – auch in der letzten Rechenschaft   70

Der Auferstehung würdig?   75

Gott macht Sünder gerecht   78

Damit kann man leben und sterben   80

Die Gerechten sind in Gottes Hand   83

Nüchtern werden   85

Abbruch im Zeichen des Neuen   88

Wohnraumbeschaffung für Jesus   90

Kein Müdewerden, kein Verzagen, bitte!   93

Gespannt sein auf „mehr Jesus"   95

Auf das Kommen des Lebensfürsten warten   98

Die Hoffnung festhalten   102

Das ist der Kern des ganzen
Christenglaubens   106

*Jesus: Ich bin die Auferstehung
und das Leben.
Wer an mich glaubt, der wird leben,
auch wenn er stirbt.
Und wer da lebt
und glaubt an mich,
der wird nimmermehr sterben.
Glaubst du das?*
JOHANNES 11,25-26

Für das Sterben vorgesorgt?

Zufällig war in meinem Körper ein tief sitzender Tumor entdeckt worden. Die schnell angesetzte Operation ließ nicht viel Hoffnung. Bis dahin hatte ich merkwürdig sicher in den Tag hinein gelebt. Weit weg von mir hatte ich den Gedanken geschoben: Auch ich werde „todsicher", wie wir so makaber sagen, in den Strudel des Todes hineingezogen werden. Aber nun war mit einem Mal der Ernstfall da. Und auf ihn war ich gar nicht vorbereitet.

Die wichtigste Vorsorge: des ewigen Lebens gewiss sein!

Eigentlich hätten mich die Fragen umtreiben müssen: Ist denn mein schriftlich festgelegter letzter Wille überhaupt rechtskräftig? Kennen sich meine Angehörigen in den Geldgeschichten aus? Reicht ihnen, was als Versorgung bleibt? Welchen Wust von Unaufgeräumtem hätte ich meinen Angehörigen ersparen müssen? Aber das war es nicht, was mich beschäftigte.

Umgetrieben hat mich aber auch nicht der Zweifel: Geht es denn nach dem Sterben wirklich weiter? Gibt es denn wirklich eine ewige Heimat bei Gott?

Aber überfallen war ich von der Frage: Bin denn ich „gewürdigt, jene Welt zu erlangen und die Auferstehung von den Toten"? So hatte Jesus ja das Entscheidende formuliert (Lukas 20,35). Konnte Gott mich denn so annehmen, wie ich war?

Für solche Fragende wie mich hatte jedoch der erbarmende Heiland Jesus Christus schon längst vorgesorgt. Dafür öffnete er mir in jenen Tagen den Blick. Eines Morgens ließ er mich Halt finden. Als ich in der Frühe – nach dem Gewaschenwerden und vor der Chefvisite – Ruhe hatte zum Lesen meiner Bibel, sprang mich ein Wort an. Wie oft zuvor hatte ich es schon gelesen! Aber nun war es ein Zuspruch des unsichtbar gegenwärtigen Jesus an mich: „Jesus nimmt die Sünder an" (Lukas 15,2). Er nimmt an! Dann galt ja auch das Psalmwort, das ebenso vom „annehmen" spricht: Du nimmst mich „am Ende mit Ehren an" (Psalm 73,24). Denn Christus hat doch auch mich schon „angenommen zu Gottes Lob" (Römer 15,7).

Das ist die entscheidende „Vorsorge" für Menschen wie „du und ich". Neben ihr verblasst alles andere, was Menschen sonst „Vorsorge" nennen. Nicht umsonst lautete früher die allererste Frage im württembergischen Konfirmationsbuch: „Was soll eines Menschen erste Sorge sein in diesem Leben?" Die Antwort darauf hieß: „Dass er haben möge eine gewisse Hoffnung des ewigen Lebens".

Die armen Zurückbleibenden

Wer Jesus gehört, um den müssen sich die Angehörigen nicht mehr sorgen. Denn Jesus hat für ihn ewig Verantwortung übernommen. Er ist es, der die Seinen wiedersehen möchte (Johannes 16,22).

Für die zurückbleibenden Angehörigen ist das Hergeben unsagbar herb. Jedes Paar Schuhe, jeder Morgenmantel, ja jede herrenlose Zahnbürste reißt den Schmerz wieder auf, dass da ein geliebter Mensch unwiderruflich fehlt.

Es gibt Hinterlassenschaften, die den Angehörigen erspart bleiben sollten

Es kann jedoch mitten in der Trauer sogar Unmut aufkommen über den Verstorbenen. Nämlich wenn so Vieles ungeordnet geblieben war: die Versicherungspolicen, die Konten, die Verbindlichkeiten. Welche Beträge werden aus welchem Grund für wen abgebucht? Was soll mit dem Inhalt jener Mappen geschehen, welche die Aufschrift „Wichtig!" tragen?

Als ich nach Operation und Chemotherapie unvermutet eine Gnadenfrist zum Weiterleben bekam, forstete ich mit der ersten neu geschenkten Kraft meinen Schreibtisch durch, meine Briefablagen, meine Bücherschränke, meine privaten Adressbücher. Auch wenn es mir nicht leicht fiel, habe ich vieles von dem „entsorgt", was mir vertraut war und am Herzen lag. Auch legte ich eine Mappe an mit der Überschrift „Für den Fall meines Todes". Dort habe ich alles gesammelt, was für die Hinterbliebenen wichtig werden würde in jenen Augenblicken, da man vor lauter ungewohnten Entscheidungen den Kopf verlieren kann.

Noch wichtiger jedoch ist es, wirklich „das Haus zu bestellen". Normalerweise werden wir heute Lebenden älter als all unsere Vorfahren. Wir haben meist Geld und Gelegenheiten, mehr als sie anzuschaffen an Kleidung, Möbeln, Bildern und mancherlei anderem Hausrat. Wo früher Kinder und Enkel dankbar dafür waren, einen Schrank, einen Sessel, einen Teppich, eine Sammlung wertvoller Klassiker-Ausgaben erben zu können, da wehren heute die mit dem allem wohl versorgten Nachkommen ab: „Verschont uns mit dem alten Plunder!"

Wer einmal für verstorbene oder auch nur pflegebedürftig gewordene Freunde oder Verwandte einen Haushalt auflösen musste, der weiß: Man kann bei aller Liebe manchmal auch richtig zornig werden über liebe Menschen, die nicht rechtzeitig „ihr Haus bestellt" haben. Oft geht es einfach über die Kraft, sich durch all das Angehäufte und meist Ungeordnete verantwortlich durchzuwühlen. Das ist eine „Hinterlassenschaft", die den armen Angehörigen erspart bleiben sollte.

Erbschaftsgeschichten – so oder so!

Erbschaftsgeschichten sind im Normalfall höchst unerfreulich. Als langjähriger Gemeindepfarrer kann ich ein Lied davon singen. Aber es gibt auch Vermächtnisse, über denen das Urteil des Herrn Jesus gilt: „Etliches trug Frucht!"

Im 19. Jahrhundert war eine Weberfamilie Stuttgarts zu einer Unternehmerdynastie geworden. Der fromme Eigentümer war zum Millionär geworden – und das in harter Goldmarkzeit!

Aber er war überzeugter Christ geblieben. Er hatte verfügt: „Welche von meinen Töchtern einen frommen Mann ins Haus bringt, die bekommt eine halbe Million Goldmark mit in die Ehe!" Welch ein Glück für die liebenswerte Tochter Maria, damals Helferin im Kindergottesdienst der Stuttgarter Matthäusgemeinde, dass sich der damalige Heslacher Stadtvikar Gottlob Weißer in sie verliebt hatte. Sie bekam die damals geradezu astronomisch hohe Summe. Mit diesem Betrag sanierte sie zusammen mit ihrem Ehemann die damals in schlimme finanzielle Klemme geratene Diakonissenanstalt Schwäbisch Hall mit ihren wichtigen Einrichtungen für Behinderte. Sie gaben damals, damit bis heute andere nehmen können. Geradezu „göttlich" war und ist das, wenn Menschen über die eigenen Bedürfnisse und erst recht über das eigene Sterben hinaus zu denken und zu planen vermögen. Auch mit dem ihnen anvertrauten Geld und Besitz.

Es gibt auch „gesegnetes" Vererben!

Auf das Leben vorbereitet sein!

Dies alles Praktische ist wichtig zu bedenken. Eines verantwortlichen Menschen ist es nicht würdig, unvorbereitet dem Sterben entgegen zu leben. Aber es geht um entscheidend mehr! Es geht auch um *mehr* als um ein würdiges Sterben. Es geht um mehr als um ein Abscheiden in „heiterer Gelassenheit". So etwas ist ja auch schon als Höhepunkt wahren Menschentums ausgegeben worden. Es gab fromm garnierte Anweisungen zu rechter „Sterbekunst".

Das wahre Leben schon jetzt ergreifen!

Viel wichtiger ist der Aufruf: „Ergreife das ewige Leben, wozu du berufen bist!" (1. Timotheus 6,12). Paulus, der Apostel des Christus Jesus hat diese Parole seinem jungen Mitarbeiter Timotheus geradezu eingebläut und damit gemeint: Du musst bewusst auf das Leben zugehen, das Gott für dich vorgesehen, das er für dich erschlossen hat! Was jedoch einst diesem Timotheus gegolten hat, das gilt jedem Menschen.

Johann Albrecht Bengel (+ 1752), der geistige Vater des schwäbischen Pietismus, hatte sich lebenslang in großer Nüchternheit gegen das

17

Ideal eines „vorbildlichen und gelassenen Sterbens" gewehrt. Er wusste, wie hart das Sterben einen Menschen ankommen kann. Schwächlich war der so stark aussehende Mann sein Leben lang gewesen. Dreimal war er in Denkendorf auf den Tod krank gewesen. Nach verzehrendem Fiebersturm kam am Morgen des 2. November 1752 der Augenblick, dass „die Hütte brach". Im letzten Augenblick wurde dem Sterbenden noch zugerufen: „Herr Jesus, dir leb ich, dir leid ich, dir sterb ich; dein bin ich tot und lebendig; mach mich, o Jesu, ewig selig". Da zeigte Bengel mit der rechten Hand auf seine Brust, wie wenn er sagen wollte: Ja, das gilt jetzt für mich! Einst hatte er die Liedzeile geschaffen: „... bis ich nach ausgestand'ner Prob' in vollem Licht zu Gottes Lob die Gottesschau erlange." Das war Bengels Sehnen gewesen.

Wichtiger noch als alle biblischen Tiefblicke hinein in die Fülle göttlicher Heilsgeschichte war dem Bibelausleger die Erfüllung der Sehnsucht: „Wann werde ich dahin kommen, dass ich Gottes Angesicht schaue?!" (Psalm 42,3) und „Ich will schauen dein Antlitz in Gerechtigkeit, ich will satt werden, wenn ich erwache, an deinem Bilde" (Psalm 17,15). Solchem Leben wollte Bengel entgegen sterben.

Bengel wollte allen, die mit ihm auf dem Weg zur himmlischen Heimat waren, dies gewiss machen: „Die Frommen werden schauen sein Angesicht" (Psalm 11,7). Das würde dann, darin war er sich sicher, der größte, der unüberbietbarste Augenblick sein. Allerdings sollte solches kommende Erkennen von Gotteswirklichkeit nicht erst der Zukunft vorbehalten sein. Bengel hatte sich – an der Bibel geschult – sagen lassen: Schon jetzt soll es dazu kommen, Gott und seinen Sohn Jesus Christus zu „erkennen". So hatte es doch Jesus in dem großen Gebet formuliert: „Das aber ist das ewige Leben, dass sie dich, der du allein wahrer Gott bist, und den du gesandt hast, Jesus Christus, erkennen" (Johannes 17,3). Auch der Genfer Reformator Johannes Calvin hat in seinem Katechismus (1541) gleich auf der ersten Seite dies wichtig gemacht: „Gott in Jesus Christus erkennen" ist die wichtigste Bestimmung (principale fin) des menschlichen Lebens". Wenn dies geschieht, dann ist das ein Vorgeschmack der kommenden ewigen Welt Gottes.

Zu unseren menschlichen „Lebzeiten" will das ewige Leben ergriffen sein, das Leben aus Gott, die Gemeinschaft mit Jesus. Denn wer Jesus hat, der kann gar nicht mehr richtig sterben. Denn er gehört dem Auferstandenen an, den der Tod nicht festhalten konnte. Der Tod musste Jesus hergeben. Die Auswirkung werden auch alle diejenigen erleben, die Jesus angehören. Das hat der Apostel Petrus groß herausgestellt, als er darauf hinwies: Durch die Auferstehung des Christus Jesus hat Gott denen, die zu Jesus gehören, ein ganz neues Leben geschenkt. Er hat sie „wiedergeboren zu einer lebendigen Hoffnung durch die Auferstehung des Jesus Christus von den Toten" (1. Petrus 1,3).

Was ist denn das Sterben „eigentlich"?

„Ach, wissen Sie, das eigentliche Sterben haben wir im Griff, wenigstens meistens!" So wiegelte der Chef einer Spezialklinik ab. Offenbar vermutete er nicht ganz zu Unrecht, dass ich davor Bange hatte. Mit dem „eigentlichen Sterben" meinte er die letzten Stunden und Augenblicke im Leben eines Menschen. Also wenn „die Kräfte brechen". Wenn es mit einem Menschen „zu Ende geht". Wenn ihm „der Lebensfaden abgeschnitten wird".

Dieses „Hinscheiden" kann eine Würde haben.

Als Seelsorger habe ich das an manchen Sterbebetten erlebt. Auch haben das jene Verwandten erzählt, die beim Sterben unserer Mutter dabei waren. Als sie vom dritten Herzinfarkt überfallen wurde, schärfte sie ihnen ein: „Keinen Arzt mehr holen!" Und dann habe sie sich konzentriert unter Schmerzen und Ängsten aus dem Leben hinausgekämpft. Man sei an den Geburtsvorgang erinnert worden. So wie sich im Geborenwerden jeder Mensch zum Leben durchkämpfen muss, so sei ihnen jenes Sterben vorgekommen wie ein Hinauskämpfen aus dem Leben.

Es geht doch nicht aus, wenn das Leben ausgeht

Eine solche elementare Würde kann sogar ein harter Todeskampf haben. Ärzte können mit Medikamenten manche Ängste und vor allem viele Schmerzen „in den Griff bekommen". Vor allem aber sorgt das vom Schöpfergott gewirkte Leben dafür, dass sogar über dem Erlöschen des Lebens eine Würde liegen kann. Denn über dem menschlichen Leben liegt von Anfang an eine Würde. Diese Würde kann bis zum Erlöschen spürbar bleiben.

Gewiss gibt es jedoch auch die Schrecken der

Todesnacht. Sogar dann, wenn Pflegende und Angehörige wähnen, der Sterbende würde im tiefsten Frieden ruhen. So etwa wie damals, als der freundliche Oberpfleger auf der Intensivstation mir einen Besuch bei einer Sterbenden ersparen wollte. „Es wird keinen Wert mehr haben; die Kranke hört nichts mehr!" So beurteilte er die Lage. Trotzdem gestattete er mir, an das Bett zu treten und über der Kranken zu beten. Sie lag reglos da, angeschlossen an die vielen Kabel, Schläuche und Apparate. Während des stillen Betens für die Sterbende fühlte ich mich gedrungen, leise Verse des Abendliedes anzustimmen: „Hirte deiner Schafe, der von keinem Schlafe etwas wissen mag, deine Wundermilde, diente mir zum Schilde den vergangnen Tag. Sei die Nacht auch auf der Wacht, und lass mich von deinen Scharen um und um bewahren. Decke mich von oben vor der Feinde Toben mit der Vaterhuld ...!"

Eigentlich war es gedacht als Sterbesegen. Aber einige Tage später war die Kranke wieder zurück verlegt auf die Normalstation. Sie war erwacht aus der tiefen Bewusstlosigkeit. Stockend erzählte sie mir – ohne zu wissen, dass ich es gewesen war, der an ihrem Bett gesungen hatte: „Ich war – es ist gar nicht recht zu schildern – wie gelähmt vor

Schrecken. Eingehüllt in grauenvolle Ängste. Aber dann war es, wie wenn die Ängste zurückweichen müssten. Ich hörte ein Singen. Mit einem Mal war ich eingehüllt in tröstliche Gottesnähe. Ich habe nicht gewusst, dass es so etwas Großartiges gibt. Sagen Sie es doch auch anderen, sie sollten doch auch mit Kranken beten und singen! Sagen Sie es weiter, dass Gott sogar in der Todesnot so nahe sein kann!"

Es ist ein Vorrecht, Sterbende bis zum Erlöschen des Lebens begleiten zu dürfen und zu erleben: Ein tiefer Atemzug. War es der letzte? Nein. Noch einmal ein Stöhnen, ein Röcheln. Lange Stille. Dann ein letztes tiefes Atemholen. Stille. Das Ende. Von einem Augenblick zum andern wurde der Körper des Sterbenden zur Hülle. Zum abgelegten Gewand. Der Mensch ist nicht mehr, der doch noch Augenblicke zuvor die ihm gereichte Hand gedrückt hatte, dessen Lippen sich gerade eben noch bewegt hatten. „Endlich ist's ausgegangen!", so mag dann eines der Angehörigen sagen, fast aufatmend.

Was ist da eigentlich „ausgegangen"? Etwa die Existenz einer Person? Von der Person heißt es in den Psalmen der Bibel: „Bettete ich mich bei den Toten, siehe, so bist du auch da. ... Deine Augen sahen mich, als ich noch nicht bereitet war. ... Am

Ende bin ich noch immer bei dir" (Psalm 139,8. 16.18)!

Mit dieser Person ist es doch mit dem letzten Pulsschlag nicht aus. Für Gott existiert sie auch dann noch, wenn das Herz stillsteht. Zwar meinte jener Chefarzt mit dem „eigentlichen Sterben" eben dies, dass ein irdisches Leben zu Ende kommt. Aber ist denn das wirklich das „eigentliche" Vergehen?

Es ist zu wenig, dem Sterben entgegen zu leben!

Unvorstellbar einschneidend ist es, getrennt zu werden von Angehörigen und von allem, was für Menschen das „Leben" ausmacht. Schon über dem Älterwerden welkt ja vieles von dem, was zu rechtem „Leben" gehört. Also ohne alle Hör- und Sehbeschwerden gesund sein zu können, Aufgaben gestellt zu bekommen und zu meistern, Begabungen zu bewähren, Erfahrungen weiterzugeben, den Körper mit all seinen Funktionen gebrauchen zu dürfen, Reisen machen zu können, einen Freundeskreis zu pflegen. All das sind wertvolle Zugaben zum Leben. Wenn sie absterben, dann sind diese so schmerzenden Ausfälle Vor-

boten des Sterbens. Es tut elend weh, zunehmend auf all das verzichten zu müssen, was Freude machte. Erst recht sind wertvollste Zugaben zum Menschenleben die Angehörigen, also Mutter und Vater samt den Geschwis-tern, der Ehegefährte und die Kinder. Diese Zugaben hergeben zu müssen, ist erst recht schmerzlich.

Dem Leben entgegen leben!

Noch unvorstellbar schlimmer wäre es jedoch, wenn Gott über einem Menschen verfügen müsste: „Auf dich kann ich ewig verzichten! Du bist für mich tot!" Das wäre im wahrsten Sinn „eigentliches Sterben".

Davor kann und will Jesus bewahren. Wenn es nach ihm geht, dann braucht niemand nur dem Sterben entgegen leben müssen. Vielmehr sollen Menschen dem Leben entgegen leben! Denn wer lebt und an Jesus glaubt, der kann „eigentlich" gar nicht mehr endgültig sterben! So hat es Jesus gemeint, als er verlässlich verfügt hat: „Wer da lebt und glaubt an mich, der wird nimmermehr sterben" (Johannes 11,26)!

In schwere Krankheitszeiten hinein ließen mich viele Freunde wissen: „Gott wird ganz gewiss ein Wunder an dir tun!" Aber als dann die Befunde

25

Besorgnis erregend blieben, da rieten mir oft dieselben Christenmenschen zu allerlei obskuren Tees, Tabletten, Therapien und Therapeuten. Etwas total anderes war es jedoch, als mich eine Karte erreichte, auf die diese Sätze des I. Artikels aus dem Heidelberger Katechismus von Hand geschrieben waren: „Dies allein soll mein Trost sein, dass ich mit Leib und Seele, beides, im Leben und im Sterben nicht mir gehöre, sondern dass ich meines getreuen Heilandes Jesus Christus Eigen bin. Er hat mich aus aller Gewalt des Teufels erlöst und so bewahrt, dass ohne den Willen meines Vaters im Himmel kein Haar von meinem Haupt fallen kann, ja auch alles zu meiner Seligkeit dienen muss."

Auf gut Deutsch heißt das doch: Du gehörst doch dem Herrn Jesus – nicht deiner Angst, nicht deiner Schwachheit, nicht deinem Lebenswillen, nicht den Ärzten und auch nicht deinen Angehörigen. Du gehörst doch Jesus so, dass unter dem Strich gewiss Rettung, ewige Seligkeit also bei dem allem herauskommen wird! Selbst wenn es ins Sterben gehen sollte!

Zum eigentlichen Leben eingeladen!

Meine Söhne hatten einen prächtigen Jugend-
freund. Dieser Ralf wirkte so, als sei er in seiner
Vitalität nicht kaputt zu kriegen. Als ich den be-
gabten Informatik-Ingenieur
fragte, wie er denn Christ
geworden sei, da erzählte er:
„Schon in ganz jungen
Jahren wurde mir bewusst,
dass die Uhr des Lebens
ständig gegen mich läuft.
Die Angst vor dem Sterben
wurde immer stärker. Nichts konnte mich
trösten. Bis einmal ein Klassenkamerad mir sagte,
dass Jesus die Auferstehung und das Leben ist,
und dass, wer an ihn glaubt, auch dann leben
wird, wenn er stirbt. Das hat bei mir einge-
schlagen. Seitdem möchte ich nur immer noch
mehr mit diesem Jesus verbunden sein. Und ich
möchte auch andere einladen, klug zu werden
und zu bedenken, dass nur Jesus davor bewahren
kann, dass es mit einem Menschen aus ist!" Das
hat mich so beeindruckt, dass ich Ralf bat, mir
das aufzuschreiben. Als er dann wenige Monate
später tödlich verunglückt war, hat die Kirchen-
gemeinde Ralfs Aufruf „Klug werden, um zu

*Wer an Jesus glaubt,
wird leben, auch
wenn er stirbt!*

leben!" als Todesanzeige in die Zeitung gesetzt. Ach was! Nicht als „Todesanzeige", sondern als „Einladung zum Leben".

Klug werden!

Klug ist es, sich bis ins Sterben hinein auf das zu verlassen, was Jesus wissen ließ. Unklug ist es, die Auskünfte des Christus Jesus selbstsicher und überheblich mit einem saloppen „das kann ich mir nicht vorstellen!" abzutun. Erst recht unklug ist es, eigene Vermutungen anzustellen und sogar noch auf sie zu bauen.

Das Leben ausprobieren, das Jesus anbietet

Es ist doch fadenscheiniger Trost, sich einzureden: „Der Tod ist doch etwas ganz und gar Natürliches! Es ist der Lauf der Natur, dass man abtreten muss. Und was natürlich ist, das darf uns doch nicht als schlimm vorkommen!" Da ist doch die Bibel ehrlicher und auch überzeugender. In ihr heißt es: „Der letzte Feind ... ist der Tod" (1. Korinther 15,26).

Der Tod ist ein Feind in Gottes Schöpfung. Bei aller möglichen Würde des Sterbens ist der Tod grauenhaft. Auch wenn die Gräber noch so schön geschmückt werden, so bleibt es doch schrecklich, dass jeder Mensch sterben muss.

Töricht ist es, die so oft gehörte Behauptung nachzuschwatzen: „Mit dem Tod ist alles aus!" Zwar weiß gar niemand objektiv, was nach dem letzten Atemzug geschehen wird. Aber es gibt eine ganze Serie von unausrottbaren Vermutungen. Sogar unter hoch gebildeten Theologen bin ich immer wieder auf die verwegensten Vorstellungen darüber gestoßen, was denn Verstorbene nach dem Sterben erwartet. Normalerweise werden sie eingeleitet mit den bezeichnenden Formulierungen: „Es kann doch eigentlich gar nicht anders sein, als dass … ". Oder: „Ich nehme an, dass …". Manches hört sich beinahe logisch an. Etwa: „Es kann doch nicht sein, dass Napoleon, Hitler, Honecker und Ceausescu sich ungestraft einfach durch den Tod wegstehlen dürfen!" Oder: „Es muss doch auch nach dem Tod noch eine Möglichkeit geben, sich zu läutern!"

Diese ganzen Vermutungen haben nicht nur darin einen Grund, dass wir Menschen geradezu krampfhaft in das Existieren eingekrallt sind. Sondern Gott selbst ist es, der den Menschen die Ewigkeit ins Herz gegeben hat (vgl. Prediger 3,1). Dies geheime Herzenswissen äußert sich eben in verschiedensten Vorstellungen, wie es denn nach dem letzten Atemzug irgendwann irgendwie und auf irgendwelche Weise weitergehen könnte.

Jesus hat im Klartext und auch ewig gültig verlässlich wissen lassen: Mit dem Tod ist keineswegs alles aus! Denn „Gott ist nicht ein Gott der Toten. ... Ihm leben sie alle" (Lukas 20,38). Und weiter gilt: „Es ist den Menschen bestimmt, einmal zu sterben, danach aber das Gericht" (Hebräer 9,27; vgl. auch Jesus nach Johannes 5,28f).
Unverantwortlich war es, dass ein schwäbischer Pfarrer einmal in selbst gestrickter „Lehre" seine Konfirmanden aufsagen ließ: „Ein Jüngstes Gericht findet nicht statt. Zu lange hat die Kirche mit dem moralischen Zeigefinger gedroht!"

Schließlich bekennt die ganze Christenheit auf Erden mit gutem Grund immer noch von dem zu Gott erhöhten Jesus: „... von dort wird er kommen zu richten die Lebenden und die Toten".

Unklug, ja in höchstem Maß unrealistisch ist es, sich selbst einzureden: „Selbst wenn es so etwas wie eine letzte Verantwortung vor einem Gott geben sollte, dann brauche ich das nicht zu fürchten. Denn auf unserer Welt würde es besser aussehen, wenn alle so anständig leben würden

wie ich! Schließlich kann mir keiner etwas nach-
sagen!" Das ist Unsinn, weil es einfach nicht
stimmt. Bezeichnend für uns Menschen ist nun
einmal die Erkenntnis: „Wollen habe ich wohl,
aber das Gute vollbringen kann ich nicht. Denn
das Gute, das ich will, das tue ich nicht; sondern
das Böse, das ich nicht will, das tue ich. ... Ich
elender Mensch! Wer wird mich erlösen von
diesem dem Tod verfallenen Leibe" (Römer 7,
18.19.24)? Für jeden Menschen zutreffend ist
nun einmal die Lebens-Bilanz: „Sie ermangeln des
Ruhmes, den sie bei Gott haben sollten" (Römer
3,23).

Klug, konsequent und nüchtern zukunfts-
orientiert ist es deshalb, angesichts der eigenen
dürftigen Lebensbilanz sich an den Jesus zu
halten, der mit einem Spezialauftrag für Verlorene in die Welt gekommen ist. Er hat von sich
bekannt, er sei „gekommen zu suchen und zu
retten, was verloren ist" (Lukas 19,10).

Klug war es also, wozu jener junge Ingenieur
Ralf sich entschlossen hatte: „Ich wollte das
Leben ausprobieren, das Jesus anbietet. Seither
lebe ich mit einer tiefen Ruhe im Herzen. Ich
weiß, dass mein Erlöser lebt und dass auch ich
einmal mit ihm leben werde. Jesus nahm mir die
Angst vor dem Sterben. Es ist mein Wunsch für

jeden Menschen, auf das große Angebot Gottes einzugehen, dass man mit Jesus ewig zum Vater im Himmel kommt!

Auf Wiedersehen!

Auf manchen Grabsteinen ist die Inschrift zu lesen: „Auf Wiedersehen!" Menschen wollen im „Jenseits" die Angehörigen wieder sehen. Das hatte doch das „Leben" ausgemacht, mit ihnen verbunden zu sein. Darum gibt es die so verständliche ungestüme Hoffnung: Die Trennung des Todes darf doch nicht unwiderruflich sein!

Jesus sehnt sich danach, die Seinen bei sich zu haben

Es ist etwas Besonderes um das Wieder-Begegnen von Angesicht zu Angesicht. Meine Mutter konnte im Alter oft ihre sechs Kinder energisch wissen lassen: „Es ist lieb, dass ihr mich so oft anruft und auch so liebe Briefe schickt. Aber ich möchte euch sehen!" Das war nicht Ausdruck von Egoismus, sondern vielmehr von ganz tiefer Verbundenheit zwischen der Mutter und ihren Kindern.

Wer mir wichtig ist, den möchte ich auch

sehen! Zu meinen Taufpaten gehörte ein Missionarsehepaar. Gleich nach meiner Taufe ließen sie sich durch deutsch-russische Kolonisten berufen, die in fast arktischer Kälte im fernen kanadischen Nordwesten gesiedelt hatten. Von Zeit zu Zeit kamen von dort anschauliche Briefe. Trotz der unvorstellbaren Entfernung nahmen die Paten an meinem Ergehen Anteil. Manchmal lag dem Brief sogar ein Dollarschein bei. Das war damals geradezu ein Vermögen. Die schönsten Spielsachen wurden davon gekauft. Die Liebe der Paten, die mir von Angesicht unbekannt waren, tat mir unendlich wohl. Sie machte mich auch stolz. Wer unter meinen Altersgenossen hatte denn schon Paten im nördlichen Kanada? Nach dem Krieg – und erst recht am Ende meines Studiums – wurde der Wunsch unwiderstehlich: Unter allen Umständen möchte ich's schaffen, die zu sehen, die doch zu mir gehörten, die mit so viel Liebe bisher mein Leben begleitet haben, die für mich gebetet haben! Ich wollte sie von Angesicht sehen! Das war der Hauptgrund dafür, dass ich mich um USA-Stipendien bewarb – und schließlich auch bekam, allerdings fernab von den Verwandten. In jenem Austauschjahr habe ich in den Vereinigten Staaten viel Großartiges erlebt. Aber ich habe dann jeden sauer verdienten Dollar in die mühsame, weite Reise mit dem Greyhound-Bus gesteckt, die mich zuerst an die Westküste Amerikas und dann hinauf nach Kanada führte. Der ganze Aufwand lohnte sich! Denn das Größte, Eindrücklichste und Bewegendste des ganzen Amerikajahres war dann doch, als ich endlich in der Greyhound-Station von Edmonton die Paten erblicken und umarmen konnte.

So muss doch auch nach der Trennung des Todes ein Wiederbegegnen möglich sein! Es ist so verständlich, dass viele Menschen sehnlich darauf hoffen. Aber es bleibt ein Hoffen, ein Wünschen, ein Vermuten.

Im Unterschied zu solchem menschlichen Sehnen ist es eine majestätisch verlässliche Zusage von Jesus: „Ich will euch wieder sehen, und euer Herz soll sich freuen, und eure Freude soll niemand von euch nehmen" (Johannes 16,22). Es ist Jesus, der sich danach sehnt, dies die Seinen erfahren zu lassen.

Es ist sogar weit mehr als ein Sehnen von Jesus. Es ist sein erklärter Wille. Gegenüber seinem himmlischen Vater hat er eindeutig ausgesprochen, was er will: „Vater, ich will, dass, wo ich bin, auch die bei mir seien, die du mir gegeben hast, dass sie meine Herrlichkeit sehen, die du mir gegeben hast" (Johannes 17,24). Die Menschen, die Gott seinem Sohn Jesus „gegeben" hat, die will er ewig wieder sehen. Darum gilt auch die andere Grundsatzerklärung des Christus Jesus: „Ich will wiederkommen und euch zu mir nehmen, damit ihr seid, wo ich bin" (Johannes 14,3). Das ganze Erlösungshandeln Gottes hat das Ziel, dass er die Erlösten „heilig und untadelig und makellos vor sein (also des Christus Jesus) Angesicht" stellen kann (Kolosser 1,22).

Jesus ist es, der auf das Wiedersehen Wert legt!

Eigentlich müsste Jesus ja keinerlei Wert legen auf seine meist armseligen Glaubenden. Aus welchem Grund eigentlich sollte er diesen „kleinen Würstchen" noch einmal begegnen wollen?

Einst im Jahr 1959 war ich zum III. Pfarrer am Ulmer Münster eingesetzt worden. Den Anstandsregeln entsprechend bat ich schriftlich den damaligen Ulmer Oberbürgermeister um einen Termin für einen kurzen Antrittsbesuch. Es war dann aber doch so etwas wie eine kalte Dusche, als er mir durch seine vierzehnjährige Tochter ausrichten ließ: Das sei absolut nicht nötig, das könne ich mir sparen. Im Klartext hieß das doch: „Ich habe Wichtigeres zu tun, als mich mit einem kleinen Popen abzugeben!"

Wie noch ganz anders hätte der heilige Christus Gottes, dem alle Macht im Himmel und auf Erden gegeben ist, Anlass und Recht dazu, die schwachen Christenleute wissen zu lassen: „Schon gut! Aber euch zu sehen, darauf lege ich keinen Wert!" Dass es nicht so ist, das ist das Wunder

Auf das, was Jesus verspricht, kann man sich verlassen

aller Wunder. Dass Jesus seine Leute so gerne wieder sehen möchte, das ist unfassbar und unerklärlich. Es ist ein Wunder, das größer ist als alle Heilungen und als alle Lebensverlängerungen. Vor allem ist es verlässlich.

Denn in der feierlichen Absichtserklärung von Jesus „Ich will euch wieder sehen!" ist dieses „Ich" ganz entscheidend. Er ist doch der verlässliche „treue Zeuge" (Offenbarung 1,5). Er ist in die Welt gekommen, um Wahrheit laut werden zu lassen (Johannes 18,37). Seine Worte sind „wahrhaftig und gewiss" (Offenbarung 21,6). Gerade in seinen Informationen über die „himmlischen Dinge" ist er verlässlich, weil er dazu „vom Himmel herabgekommen" ist, um

36

sie den Menschen zu offenbaren (Johannes 3,12f). Selbst wenn Himmel und Erde vergehen werden, so werden seine Worte nicht vergehen (Matthäus 24,35).

Unter uns Menschen verliert eine Aussage entscheidend an Wert, wenn ehrlicherweise dazu gesagt werden muss: „So sehe es eben ich an!" Dann ist eben all das gut Gemeinte relativiert. Es ist an Bedeutung entscheidend eingeschränkt! Bei Jesus ist es genau umgekehrt. Wenn er eine Aussage mit seinem „Ich" würdigt, dann ist sie verlässlicher als alle naturwissenschaftlich abgesicherten Beweise.

Jesus will die Seinen noch einmal zu Gesicht bekommen

Auch das feierlich erklärte „Ich will" sollte nicht überhört werden. Denn dies „Ich will" hat göttliche Qualität. Es ist diametral anders als unser menschliches „Ich will!" Das menschliche „Ich will" bäumt sich bis ins Sterben hinein voll Lebensgier auf: „Ich will noch nicht sterben!"

Wenn Jesus „Ich will" sagt, dann ist das von Gottes Art durchpulst. Darum ist das nicht bloß ein Wunsch, nicht nur ein sehnliches Verlangen

von Jesus. Sondern dies Wollen voll von der-
selben göttlichen Verlässlichkeit wie all die
Grundsatzerklärungen des ewigen Gottes, die auf
diesen Ton gestimmt sind: „Ich will euer Gott
sein!" „Ich will nicht ablassen, euch Gutes zu
tun!" „Ich will meinen Geist
in euch geben!" „Ich will

Auf das Wiedersehen mich meiner Herde selbst
ist Jesus aus, annehmen!" „Ich will euch
nicht wir! einen Hirten David geben!"

Dieses göttlich qualifizierte
Wollen findet sich auch in
anderen Absichtserklärungen von Jesus. Das „Ich
will euch wieder sehen" hat dieselbe Qualität wie
auch „Ich will euch erquicken" und „Ich will
euch zu Menschenfischern machen!" Was Jesus
spricht, das geschieht auch!

„Ich will euch wieder sehen!" Es wäre tragisch,
dies „euch" zu überhören! Jesus sagt nicht, dass
er alle wieder sehen will, die je einmal Menschenantlitz getragen haben. Es ist also ein Vorrecht, zu
diesen „euch" gehören zu dürfen. Wie man
jedoch dazu kommt, zu diesen „euch" gezählt zu
werden, das ist ein Geheimnis. Der große schwäbische Bibeltheologe Walter Tlach konnte sagen:
„Jesus hat mich gepackt wie ein widerstrebendes
Karnickel!" So ähnlich war es schon bei den

38

ersten Nachfolgern des Jesus. Ihnen musste Jesus bewusst machen: „Nicht ihr habt mich erwählt, sondern ich habe euch erwählt" (Johannes 15,16).

In dieser Aussage findet sich wieder dieses so oft übersehene, und doch so wichtige „euch". „Ich habe euch erwählt!" Nicht ihr mich, aber ich euch!

Zu solchen „euch" werden Menschen, die Gott seinem Sohn „gegeben" hat. Jesus hat diesen Begriff „gegeben" geliebt (vgl. Johannes 6,39.44. 65; 10,29; 17,2.6.9.11.12.22.24; 18,9). In Jesus sollte das Prophetenwort zu seiner Erfüllung kommen: „Siehe, hier bin ich und die Kinder, die mir der Herr gegeben hat" (Jesaja 8,18). Darum konnte Jesus sagen: „Alles, was mir mein Vater gegeben hat, das kommt zu mir" (Johannes 6,37).

Ich möchte Angehöriger des Christus Jesus sein

Darin besteht die Würde des Christseins, dass Menschen sich nicht sperren gegen den heiligen Entschluss des göttlichen Vaters, sie dem Sohn zu „geben". Wichtiger als das durch Johann Sebastian Bachs Choralsatz bekannte Bekenntnis „Wohl mir, dass ich Jesus habe" ist das dankbare Staunen: „Wohl mir, dass mich Jesus hat!

„Kennen Sie sich in der Bibel aus?" Mit dieser Frage überfielen mich einmal zwei junge Burschen. Offensichtlich waren es Konfirmanden, die von ihrem Pfarrer zu einer Art Umfrage losgeschickt worden waren.

„Ja, schon ein wenig!"

„Könnten Sie aus dem Stand auch irgendein Bibelwort sagen?"

„Vermutlich schon", war meine Antwort. Aber dann kam eine Frage, die mich zunächst stutzen ließ: „Was ist denn für Sie das wichtigste Bibelwort?" Aber das Stutzen dauerte nicht lange. So spontan, dass ich mich selbst darüber wunderte, hörte ich mich sagen:

„Das Wort von Jesus ‚mit mir!' ist mir das wichtigste Wort!"

Letztlich besteht der ganze Christenglaube nicht in einer Moral, nicht in einer religiösen Philosophie, erst recht nicht in einem Weltverbesserungsprogramm. Vielmehr besteht er schlicht eben darin, dass Christus darin ernst genommen wird: „Her zu mir!"

Es geht doch dem Herrn Jesus um viel, viel mehr, als dass seine Sympathisanten in einer gottlosen Welt ein wenig moralischer sind als andere Zeitgenossen. Es geht ihm auch um wesentlich mehr, als dass ein paar Kirchenglieder empfindsam sind für religiöse Stimmungen. Es geht ihm um entscheidend mehr, als dass wohlmeinende Zeitgenossen

Christus ernst nehmen, wenn er ruft: Her zu mir!

unerklärliche Dinge für durchaus mögliche Wunder halten – so wie unvorhergesehene Genesungen, wie die Existenz von Schutzengeln, wie die Wunderkraft von Fürbitte und von Segnungshandlungen.

Vielmehr ist Gott darauf aus: „Gott hat uns berufen zur Gemeinschaft mit seinem Sohn Jesus Christus" (1. Korinther 1,9). Darin bestand und besteht bis heute das Evangelium, dass Jesus Menschen ruft: „Her zu mir!" „Folge mir nach!" „Wen da dürstet, der komme zu mir!" „Kommt

41

her zu mir alle, die ihr mühselig und beladen seid!" „Bleibet in mir und ich in euch!" „Wacht mit mir!" „Betet mit mir!" „Sammelt mit mir!"

Darauf war und darauf ist Jesus bis zum heutigen Tage aus, dass Menschen zu ihm gehören, dass sie richtig mit ihm verbunden und an ihn angekoppelt sind und mit ihm verbunden bleiben wollen. Gerade dann ist Jesus darauf aus, wenn Menschen sterblich, unvollkommen, fehlerhaft, erlösungsbedürftig sind, erst recht sogar dann, wenn sie dies irdische Leben beenden müssen.

Wenn Jesus verfügt „mit mir", dann hat das kein Verfallsdatum. Über menschlichen Ehen gilt es bedauerlicherweise: „... bis dass der Tod uns scheidet!" – Bei Jesus ist es anders: Für ihn ist der Tod kein Trennungsgrund. Es war doch nur folgerichtig, dass Jesus dem mit ihm gekreuzigten Verbrecher zusagte: „Du wirst *mit mir* im Paradies sein" (Lukas 23,43)!

Aus diesem Grund soll es der Christusleute wichtigste Sorge sein in ihrem Leben, dass sie „dem Ruf des Christus folgen und das Himmelreich gewinnen"! Es soll uns doch einmal nicht die Schwachheit „haben", das Alter, die Ohnmacht, das Sterben, der Tod, sondern Jesus soll uns haben.

Wir sollen nicht unserer Lebensgier gehören müssen, nicht den Ärzten, nicht der Krankheit, auch nicht der Angst, sondern wir sollen Christus „angehören" (vgl. Römer 7,4; 1. Korinther 15,23; 2. Korinther 10,7; Galater 3,29; 5,24).

Es ist ein Vorrecht, Angehöriger des Christus Jesus sein zu dürfen. Das soll einmal in der kommenden Welt Gottes Menschen noch wesentlich wichtiger sein als das von ihnen so innig ersehnte Wiedersehen mit vorausgegangenen Angehörigen, dass sie in erster Linie „Angehörige" dieses Christus sind, der sie als die Seinen wieder sehen möchte. Es gilt eben auch in dieser Beziehung: „Wer Vater und Mutter, Tochter oder Sohn *mehr* liebt als mich, der ist meiner nicht wert" (Matthäus 10,37). Unser Trost in der Trauer soll umfassender, wesentlicher sein als dass wir sagen können: „Christen sehen sich nie zum letzten Mal!"

Jesus will auf die nicht verzichten, die er in seinen Blick genommen hat

Eigentlich kann man nur staunen: Dass Du, heiliger Erlöser, dich so über uns fehlsame und schwache Christenleute freuen willst! Dass du dich wirklich, ehrlich nach uns sehnst! Das können wir ja kaum glauben!

Aber für Jesus ist es ein Nachfassen. Seine Zusage gilt Leuten, die er schon einmal mit suchender Liebe angeschaut hat. Von solchem „Sehen" des Erlösers Jesus berichten die biblischen Evangelienerzählungen. Wie viel Schöpfer- und Erlöserliebe muss in dem Blick gelegen haben, als Jesus am Ufer des See Genezareth die Brüder Andreas und Simon „sah" (Matthäus 4,18). Er hatte vor, sie zu Menschenfischern zu machen. Er sah sie an, so wie etwa der Bildhauer Michelangelo einen ungefügten Marmorblock angesehen haben mag, im Geist schon erahnend, was aus dem unfertigen Block an einem Kunstwerk entstehen sollte. Bevor Philippus den Nathanael rief, als der damals unter dem Feigenbaum saß, hatte ihn Jesus schon gesehen und durchschaut (Johannes 1,47f). Mit Augen heilender, zurechtbringender Liebe hatte Jesus in

Jericho zum Feigenbaum hinaufgeschaut, in dessen Zweige sich der Oberzöllner Zachäus geflüchtet hatte. Jesus sah in ihm nicht den Versager, sondern den, der doch auch Abrahams Sohn war und der von Gott zur Rettung bestimmt war (Lukas 19,1ff). Jesus sah bei den Freunden des Gichtbrüchigen ihren „Glauben", so wie er auch die Gedanken der kritischen Pharisäer sah (Matthäus 9,2.4). Mit viel Bangen „sah" Jesus, dass sich seine Jünger – ohne ihn im Boot – abplagten mit dem Sturmwind (Markus 6,48).

Ach, das Sehen von Jesus! Als er das Volk sah, jammerte es ihn desselben, denn sie waren „wie die Schafe, die keinen Hirten haben" (Matthäus 9,36) Jesus wurde unwillig, als er sah, wie die Jünger die Mütter mit den Kindern wegtreiben wollten (Markus 10,13ff). Jesus war wirklich ein Prophet und sah durchaus – besser noch als

Dass der Erlöser sich so sehr nach den Seinen sehnt!

der Pharisäer Simon –, dass da eine Frau vergebender Liebe bedurfte und nicht strafende Beurteilung (Lukas 8,36ff). Jesus sah die verschüchtert verkrümmte Frau, die sein Gewand anzufassen gewagt hatte (Matthäus 9,18ff). Als

45

Jesus Jerusalem „sah", das er doch so gerne sammeln wollte wie eine Glucke ihre Küken, da weinte er über sie, weil sie nicht gewollt hatte (Lukas 13,34; 19,41).

Es ist staunenswert, dies so aufmerksame Sehen von Jesus! Das auf Rettung bedachte Sehen! Das lösungsorientierte Sehen! Es war nicht einfach nur ein zur-Kenntnis-Nehmen. Sogar von der Sterbestunde des Jesus wird berichtet: „Da Jesus den Jünger sah, den er lieb hatte und seine Mutter dabeistehen, sprach er: „Siehe das ist deine Mutter, siehe, das ist dein Sohn" (Johannes 19,26f). Jesus hatte eine Seh-Art, die bestimmt war vom Suchen. Sie war ausgerichtet auf das Finden und auf das Zurechtbringen.

Sich selbst verglich Jesus mit einem Hirten, der das verlorene Schaf sucht, bis er's findet, um dann nicht loszuschimpfen: „Du dummes, störrisches Schaf!", sondern um sich zu freuen: „Mein Schaf! Mein Schaf ist gefunden!"

Christen sprechen manchmal so viel davon, wie es dazu gekommen ist, dass sie zu Jesus gefunden haben. Viel zu selten sprechen sie davon, dass Jesus sie gesucht und auch gefunden hat. Sie waren doch erwählt von Ewigkeit her; es war Gottes Plan gewesen, sie seinem Sohn Jesus zu „geben". Darum ruhte der liebevolle Blick von Jesus längst auf ihnen, bevor sie es überhaupt nur begriffen hatten, was Jesus mit ihnen vorhatte.

Genau so, exakt auf diese Weise will Jesus die Seinen wieder sehen! Eben so, wie er zu aller Zeit die Seinen mit rettender Liebe erwartungsvoll angeschaut und gesucht hat. Jesus will die Menschen wieder sehen, die er einst schon fest und liebend in seinen Blick genommen hat.

Man kann sich auf das Wiedersehen mit Jesus freuen

Jeder Einzelne wird Jesus wichtig sein, so wie er je Einzelne liebend angeschaut hat. Keine und keiner wird zu nebensächlich, zu unbedeutend sein! Dies Wiedersehen könnte – so stelle ich mir das manchmal plastisch vor – ganz ähnlich sein, wie wenn ich staunend, dankbar, ja geradezu ungläubig auf unsere Kinder und Enkel schaue: Das also ist aus dem kleinen lieben Säugling geworden! Das ist ja kaum zu fassen! Das geht ja weit über alles Wünschen und über alle kühn formulierten Gebete hinaus!

Jesus will seine Leute wieder sehen – und hoffentlich enttäuschen sie ihn nicht in seiner großen Erwartung! Sie wollen doch zu der Statur kommen, die für sie vorgesehen ist.

Ob sie sich als Eheleute, als Eltern und Kinder wieder sehen und ob sie sich wieder erkennen werden in der kommenden Welt, das treibt verständlicherweise viele Menschen um. Es wäre merkwürdig, wenn das nicht so wäre. Aber je näher ich dem Sterben gekommen bin, desto mehr habe ich mich von der Bibel überzeugen lassen: Es wird wahr werden, dass wir verwandelt werden in das Ebenbild von Jesus. Wir werden IHM gleich sein. Seine Herrlichkeit wird uns verändern.

Solche Liebe gibt es nur bei Jesus

Man möge entschuldigen, was ich jetzt geradezu plump denke: Da könnte es ja dann geschehen, dass meine Frau eine vollkommene, von Gottesherrlichkeit durchdrungene Gestalt trifft und fragt: „Wer sind denn jetzt Sie?" Dann werde ich antworten: „Ja, ich bin doch dein Ehemann! Kennst du mich wirklich nicht mehr?" Sie aber wird liebvoll sagen: „Das kann ja gar nicht sein, bei allem, was im Himmel möglich ist! Schließlich habe ich meinen Mann doch etwas anders kennen gelernt! Der war doch so oft zornig und ungeduldig und heftig, abgesehen von all dem anderen, an das ich jetzt gar nicht mehr denken möchte!" Aber ich werde wirklich, wenn ich der kommenden Welt Gottes gewürdigt sein werde, total anders sein, als man hier zu Lebzeiten mich kennen gelernt hat und ertragen musste.

Menschen sehnen sich danach, nach dem Sterben wieder eingereiht sein zu können in die liebevolle Gemeinschaft mit denen, die ihr Leben reich gemacht haben. Aber die wird wesentlich anders sein als eben eine Fortsetzung des Bisherigen. Die Schriftstellerin Hedwig von Redern hat biblische Gedanken, die Jesus uns wissen ließ (Matthäus 10,37; 12,46ff; Lukas 18,35ff) weiter gesponnen in der Liedstrophe: „Dort, vor dem Throne im himmlischen Land treff' ich die Freunde, die hier ich gekannt; dennoch wird Jesus und Jesus allein Grund meiner Freude und Anbetung sein!"

Die Liebe unserer Nächsten zu uns und unsere Zuneigung zu ihnen wird weit überhöht werden durch die Liebe, mit der Jesus die Seinen umfangen wird.

Diese Liebe des Christus Jesus wird es sein, die sich als Größtes erweisen wird unter allem, was in Ewigkeit nicht aufhören wird: „Nun aber bleiben Glaube, Hoffnung, Liebe, diese drei. Aber die Liebe ist die größte unter ihnen" (1. Korinther 13,13).

Jesus möchte doch so gerne Menschen herausholen aus allem Bangen vor dem Tod. Er möchte sie befreien von allen Ängsten. Er will sie hineinholen in seine liebevolle Nähe. Er will Menschen echt zu den Seinen machen, die er in Ewigkeit wieder sehen möchte. So sind wir eingeladen, über das Sterben hinaus zu denken.

Nicht nur auf das Sterben fixiert sein

Normalerweise sind Menschen voll Schrecken auf das Sterben fixiert. Sie meinen, das Sterben-Müssen sei das Allerschlimmste. Sie haben eine kreatürliche Angst vor dem Tod. Aber wenn Menschen Jesus begegnen, dann müssten sie eigentlich erkennen: Viel schlimmer als das Sterben ist es, wenn Jesus über Menschen sagen muss: „Ich kenne euch nicht! Weichet von mir" (Matthäus 7,23; 25,17)!

Unvorstellbar schlimm muss es sein, erkennen zu müssen, dass man Angehöriger von Jesus hätte sein sollen, aber dies Vorrecht ausgeschlagen zu haben. Das wird schrecklicher sein als alles

„Heulen und Zähneklappern", von dem Jesus auch gesprochen hat (vgl. Matthäus 8,12; 13,42.50; 22,13; 24,51; 25,30; Lukas 13,28). Jesus hat ja auch unmissverständlich davon geredet, dass es Pein und Qual in den Flammen der Hölle gibt (Lukas 16,23ff). Viel schlimmer also, als dass man von den Seinen Abschied nehmen muss, ist doch, wenn Gott uns ewig den Abschied geben müsste, unwiderruflich. Davor möchte Jesus uns bewahren.

Es ist nur normal, dass auch bewährte Christenleute von der Angst überfallen werden: „Ich habe tausendmal mehr die Hölle als den Himmel verdient!" So hatte der gesegnete schwäbische Erweckungsprediger Ludwig Hofacker (+ 1820) seine Sterbensängste in Worte gefasst. Es wäre falsch gewesen, wenn man ihn damit zu trösten versucht hätte: „Ach was, Gott nimmt es doch nicht so arg genau! Schließlich darfst du auch nicht vergessen, dass du auch manches Gute gewirkt hast!" Vielmehr wurde Hofacker aus den berechtigten Ängsten anders herausgeholfen. Er sagte seinem Seelsorger: „Mir ist bewusst geworden, was es für eine Schande ist, dass der

Jesus will seine Leute ewig bei sich haben

Heiland Jesus jetzt schon so lange seine Hände einladend zu mir Sünder ausstreckt. Aber ich nehme mich selbst sogar mit meinem Zweifel und mit meiner Unwürdigkeit so arg wichtig. Jetzt habe ich mich einfach entschlossen, es gelten zu lassen, dass der Heiland mich ewig bei sich haben will. Und seitdem ist mir's wohl!"

Jesus ist wichtig, dass Menschen im Leben und im Sterben ihm „gehören". Das soll ihnen gewiss werden und gewiss bleiben. Denn über den „Seinen" soll doch wahr werden: „Ich gebe ihnen das ewige Leben, und sie werden nimmermehr umkommen, und niemand wird sie mir aus meiner Hand reißen" (Johannes 10,28). Allerdings will Jesus doch nicht erst im Sterben bei den Seinen „an Bord kommen". Er ist doch hoffentlich schon lange bei ihnen „dabei". Es ist dann auch gerade im Sterben seine Sache, seine Angelegenheit, dass sie sein Eigentum bleiben. „Vater, ich will, dass, wo ich bin, auch die bei mir seien, die du mir gegeben hast" (Johannes 17, 24).

Auf diese Absicht des Retters Jesus fixiert zu sein, das ist wichtig. Das ist wichtiger als Antwort zu haben auf jene Fragen, die Menschen im Blick auf das Sterben umtreiben können: Was kommt danach, wenn das Herz den letzten Schlag getan hat? Kann man dann auch noch etwas empfinden? Wird es wie ein Schlaf sein, wenn ich gestorben bin? Wenn ja, wie lange wird dieser Schlaf dauern? Werden wir diejenigen erkennen, die vor uns gestorben sind?

Professor Dr. Helmut Lamparter, der langjährige Vorsitzende des Evangelischen Jungmännerwerks in Württemberg, ließ mich einmal wissen: „Rolf, ich bin gespannt auf mein Sterben! Ich bin gespannt darauf, was dann der Jesus tun wird, der so viel bisher in meinem Leben getan hat!"

Aufrufe zum Fertigmachen

Als Reiseleiter einer christlichen Freizeitgruppe wartete ich verzweifelt auf einen Teilnehmer. Er war nicht zur abgemachten Zeit aufgetaucht. Er fehlte einfach. Die abfertigenden Flugbegleiter verloren die Geduld. „Wir müssen jetzt das Boarding schließen! Der ‚last call' (der letzte Aufruf) war vergeblich!" So machten sie klar. Sie hatten Recht. Da schlenderte fröhlich und unbesorgt der so lang Vermisste in den Abfertigungsraum. Etwas unwirsch reagierte er darauf, dass wir ihn zur Eile ermahnten. Er ließ uns wissen: „Ich habe doch meinen Kindern versprochen, sie

vor dem Abflug anzurufen; wo ist denn ein
Kartentelefon? Und wo ist wohl ein Postkasten?
Die Ansichtskarten, die ich geschrieben habe,
müssen doch noch weg!"

Aber zu dem allem, was er an Kontakt mit den
Seinen vorgehabt hatte, blieb keine Zeit mehr.
Kurze Zeit danach schaute er etwas verstört von
seinem Sitz auf. Aus seinem Blick konnte ich den
Vorwurf lesen: „Konnte man mir denn nicht
etwas mehr Zeit gewähren? Musste denn die Ab-
reise so holterdipolter geschehen?"

Die Signale für den Ernstfall nicht überhören

Nein, sie hätte nicht so
ruck-zuck geschehen müssen,
wenn er doch nicht die Aufrufe zum Fertigmachen überhört hätte, vor allem nicht
den „last call".

Es soll doch niemand klagen
müssen: „Warum denn jetzt diese Schwäche? Bis
zum heutigen Tag hat mir doch eigentlich nichts
gefehlt!" Erst recht sollte man nicht Gott solche
Vorwürfe machen. Denn meist sind die Sterbenden
vorgewarnt. Letzter Aufruf zum Fertigmachen für
das Abscheiden aus dieser Welt können schwere ge-
sundheitliche Erschütterungen sein. Sie sind ebenso
wie das Älterwerden mit all seinen Vorboten des
Sterbens ernst gemeinte Aufrufe.

54

Letzte Aufrufe zum Glauben an Jesus

Die Signale zum Verabschieden von dieser Welt sollen nicht nur bereit machen zu einem gelassenen Sterben. Vor allem wollen sie dringlich dazu einladen, an Jesus zu glauben. Es soll doch mit Jesus durch den Tod hindurch zum Leben gehen.

Der Glaube an Jesus soll sich stärker als die Todeswirklichkeit erweisen. Einst war das Bestattungsfeld von Bethanien durchzogen von Verwesungsgeruch. Jede der Grabstätten machte bewusst: Diesen Weg muss jedes Wesen gehen, das Menschenantlitz trägt! Doch genau dort rief Jesus inmitten einer Schar von Trauernden aus: „Ich bin die Auferstehung und das Leben. Wer an mich glaubt, der wird leben, auch wenn er stirbt" (Johannes 11,25f). Dann aber hatte Jesus die Frage angefügt: „Glaubst du das?". Just auf dem Totenfeld sollte es eine Geburtsstunde des Glaubens geben.

Mit dem Kürzel „an Jesus glauben" ist all das zusammengefasst, was Jesus gemeint hat mit der Aufforderung „bleibet in mir und ich in euch" (Johannes 15,4). Fast überall kann man in der Bibel den Begriff „an Jesus glauben" ersetzen durch die Worte „Verbindung haben mit Jesus".

Zu solcher Verbindung hat Jesus eingeladen: „Wer mich liebt, der wird mein Wort halten; und mein Vater wird ihn lieben, und wir werden zu ihm kommen und Wohnung bei ihm nehmen" (Johannes 14,23). Schon den Lebenden möchte Jesus eine Verbindung gewähren, die der lebensvollen Verbindung der schwachen Rebe mit dem starken Weinstock gleicht (vgl. Johannes 15,4ff). Diese Verbindung soll auch nicht durch den Tod durchtrennt werden. Denn Jesus möchte dann die Seinen „zu sich nehmen"; sie sollen sein, wo er ist (Johannes 14,3). Darauf war der Jesus aus, als er dazu aufrief: „Glaubet an Gott und glaubet an mich" (Johannes 14,1-3). Denn wer an Jesus glaubt, der ist doch zugleich auch mit seinem himmlischen Vater verbunden, dem Jesus glaubend gehörte und gehört.

Das „Glauben" ist die „Wellenlänge", auf der Menschen mit Gott Kontakt aufnehmen können. Weil Jesus, der Sohn Gottes, „Gott in Person", darum ist auch Jesus gegenüber das „Glauben" die einzig angemessene Haltung. Deshalb lädt Jesus, der eingeborene Sohn Gottes, ein zum Glauben an ihn: „Alle, die an mich glauben, sollen nicht verloren gehen müssen, sondern das ewige Leben haben" (Johannes 3,16) Er, der die Auferstehung und das Leben ist, kann den Tod bei denen überwinden, die an ihn glauben. Wer glaubend in ihn eingesenkt ist, so wie die Rebe mit dem Weinstock verbunden ist, der „ist vom Tode zum Leben hindurchgedrungen" (Johannes 5,24). Wer an ihn glaubt, der wird nicht gerichtet; wer aber nicht glaubt, der ist schon gerichtet, denn er glaubt nicht an den Namen des eingeborenen Sohnes Gottes" (Johannes 3,18). Wer an Jesus glaubt, der hat das ewige Leben (Johannes 3,36). Wer an Jesus glaubt, den wird nimmermehr dürsten (Johannes 6,35). Das ist der Wille Gottes, dass wer an den Sohn glaubt, das ewige Leben habe (Johannes 6,40).

Auf der „Wellenlänge" des Glaubens gibt es Verbindung mit Jesus

Das ganz Besondere am Glauben

Es ist also schon etwas ganz Besonderes, an Jesus zu glauben. Es ist weit mehr, als dass Menschen den Worten dieses Jesus eben Vertrauen schenken. Wohl gilt: „Dein Wort ist wahr und trüget nicht und hält gewiss, was es verspricht im Tod und auch im Leben ..." (EG 473,3). Diese Liedzeile hat jedoch eine Fortsetzung. Sie weist auf das ganz Entscheidende hin, was Glauben an den Herrn Jesus ausmacht: „Denn du bist nun mein und ich bin dein; dir hab' ich mich ergeben!"

Im Glauben kommt es zu einem immer stärker werdenden Einswerden des Christus mit den Glaubenden. Der Apostel Paulus hat es so beschrieben, was „im Glauben" sich vollzieht: „Ich lebe, doch nun nicht ich, sondern Christus lebt in mir. Denn was ich jetzt lebe im Fleisch (also: in meiner irdischen Existenz), das lebe ich im Glauben an den Sohn Gottes, der mich geliebt hat und sich selbst für mich dahingegeben" (Galater 2,20).

Für solchen Glauben hat der Apostel Paulus einmal ein kühnes Bild gebraucht: Mit „göttlichem Eifer" nämlich wolle er wie ein Brautwerber Menschen dem Christus Jesus zuführen, um sie ihm anzuverloben (2. Korinther 11,2). Weil Gott es für gut angesehen habe, dass Menschen mit seinem Christus zusammengehören, deshalb sollten die Menschen auch in Treu und Glauben mit diesem Christus zusammenhalten und mit ihm zusammenwachsen, eben wie in einer rechten Ehe.

Das war bei Paulus kein Ausflug in eine etwas verquere Mystik. Vielmehr hat er damit seinen Herrn Jesus ganz beim Wort genommen. Etwa mit der Gebetsbitte von Jesus: „Wie du, Vater, in mir bist und ich in dir, so sollen auch sie in uns sein, ... ich in ihnen und du in mir, damit sie vollkommen eins seien, ... Vater, ich will, dass, wo ich bin, auch die bei mir seien, die du mir geben hast" (Johannes 17,21-24). Ganz genau so, wie Christus Gott gehörte und gehört, so sollen auch nun die Glaubenden Christus gehören (vgl. 1. Korinther 3,23). Im solchem Angehören konkretisiert sich das Wesentliche des Glaubens.

Die Glaubenden sollen Christus echt gehören!

Das Wort des Christus Jesus weckt den Glauben

Es ist etwas Geheimnisvolles um das uns über-
lieferte „Wort des Christus". Ich musste alt werden, bis ich begriff: Der Apostel Paulus wollte
uns nicht einfach irgendwelche frommen Worte
wichtig machen. Ihm ging es sogar um *mehr* als
um die Worte der von ihm so hoch geschätzten
Heiligen Schrift. Vielmehr schrieb er den ihm anvertrauten Gemeindegliedern ins Stammbuch:
„Lasst das Wort des *Christus* reichlich unter euch
wohnen" (Kolosser 3,16)!

Das Wort des Christus ist es, welches Ini-
tialzündungen zum Glauben gibt. Einst habe ich
gerne, mit viel Liebe und Fantasie Konfirmanden
unterrichtet. Wie habe ich mich bemüht, ihnen
den Glauben an Jesus wichtig und auch einladend
zu machen. Wenn ich jedoch später einige von
denen fragte, die sich auch nach der Kon-
firmation zur Gemeinde hielten: „Was war es
denn, das bei dir gezündet hat?" Da bekam ich
dann eigentlich immer ein Jesuswort genannt. Bei
dem einen war es ein Wort des Christus, das ihm
als Konfirmations-Spruch zugeteilt worden war.
Bei einer anderen war es ein Satz des Christus,

der sich ihr bei einer Beerdigungsansprache einge-
brannt hatte. Nur ein einziges Mal ließ mich ein
ehemaliger Konfirmand wissen: „Vielleicht hat
auch ein wenig Ihr Unterricht dazu den ersten
Anstoß gegeben, dass Jesus mich gefunden hat!"

Das „Wort des Christus" hat es in sich! Bis
heute sind es die Worte des Jesus, die „Worte des
Lebens" sind (Johannes 6,68). Jesus hatte die
Worte, die ihm sein himmlischer Vater gegeben
hatte, seinen Jüngern weitergegeben (Johannes
17,8). Sie hatten diese Worte „bewahrt" (Johannes 17,6). Mit diesem Wort hatte Jesus sie in
die Welt gesandt. Jesus hatte auch für die gebetet,
die durch das Wort der Jünger zum Glauben an
Jesus kommen sollten (Johannes 17,18.20).

Als Jesus vom Himmel auf
unsere Erde gesandt war, da
gab er die Erklärung ab: „Die
Zeit ist erfüllt, das Reich
Gottes ist herbeigekommen.
Tut Buße und glaubt an das
Evangelium". An die gute,
hilfreiche, froh machende Mitteilung also sollen
Menschen glauben (Markus 1,15). Damals be-
gann so etwas wie ein himmlisches Frühlings-
wehen. In jener „erfüllten" Gotteszeit war eine
Atmosphäre des Glaubens zu spüren. Es war er-

*Die Worte des
Christus haben es in
sich!*

staunlich, wie damals Menschen anfingen, diesem Jesus zu glauben. Sie schenkten ihm Glauben mit einer Gewissheit, wie sie sonst eigentlich nicht zu finden war. Dieser Jesus erwies sich als „Anfänger und Vollender des Glaubens" (Hebräer 12,2).

Jesus weckt mit seinem Reden den Glauben. Mit seinem Wort erhält und vollendet Jesus diesen Glauben. Jesus selbst hat so das Glauben möglich gemacht, dass er einmal die nur auf den ersten Blick befremdliche Aussage wagen konnte: „Es ist Sünde, dass sie nicht an mich glauben" (Johannes 16,9). Jesus möchte es möglich machen, dass wir im Glauben ihm als treuem und verlässlichem Zeugen (vgl. Offenbarung 1,5) trauen.

Dem „Wort des Herrn Jesus" kann man viel mehr zutrauen als den eigenen frommen Erklärungen. Davon sollten die Christen bis zum heutigen Tag lernen. Je bedrohter ein Menschenleben ist, desto mehr sollte es ein Recht darauf haben, „Worte des Lebens" zu vernehmen. Es soll doch, solange noch Zeit dazu ist, zur bleibenden Verbundenheit mit Jesus kommen!

Auf einer Tagung kirchlicher Mitarbeiter kam das Gespräch auf Krankenbesuche. Viel der heute so gängigen Ratschläge und Erfahrungen wurden laut. Also: Man soll nicht so fromm reden! Man soll den Kranken am Alltäglichen Anteil nehmen lassen, damit er sich nicht so sehr vom Leben ausgeschlossen fühlt. Man soll auch nicht bloß ganz kurz bei einem Kranken hereinschauen, sondern ihn eines wirklichen Besuches für wert halten. Plötzlich bekam einer aus der Runde einen roten Kopf. „Woher wisst ihr denn dies alles?", so fragte er geradezu vorwurfsvoll. „Ich war", so erzählte er, „nach drei Schlaganfällen bis ins Sprachzentrum hinein gelähmt. Die meisten Besucher brachten Blumen und Pralinenschachteln, sie blieben so lange, dass mir der Schweiß auf die Stirn trat. Sie schwatzten von allem nur Denkbaren, aber ich wartete auf ein Wort von Jesus, an dem ich mich hätte festhalten können. Mich verlangte es danach, dass endlich jemand sagen würde: ‚Jesus ist auch noch da'!"

Welch eine Wohltat, zum Glauben eingeladen zu sein!

Es kann gerade Sterbenden erschreckend bewusst werden: „Wie viel war Bruch in meinem so rasch verzischten Leben!" Es ist so wenig, was von all dem so gut Gewollten und Gemeinten wirklichen Bestand hat.

Die vorbildliche Mutter einer kinderreichen Familie beschwerte es bis zur Schwermut, was sie an ihren Kindern versäumt und falsch gemacht hatte. Als sie dann die brutalen Schmerzen des dritten Herzinfarktes spürte, als die Beklemmungen über sie kamen, da konnte sie nur noch auf einen Zettel notieren: „Alle, alle meine Sünden hat Jesus weggenommen!"

Da hatte Jesus einem sterbenden Christenmenschen, bevor dem die Sinne schwanden, sich noch einmal in seiner eigentlichen Würde zu erkennen gegeben. Nämlich dass er, der ewige Sohn Gottes, sich zum Kuli machen ließ, der die Sünden der Menschen weggetragen hat, und dass er sie bis in Ewigkeit wegschafft! So war Jesus durch den Propheten angekündigt worden (Jesaja 53,4a.6b.11c.12c). So hatte es Jesus als sein entscheidendes Programm des Helfens aufgenommen (vgl. Matthäus 8,17; 20,28; 26,28). „Für meine Sünden in den Tod gegeben", das ist das Eigentliche an Jesus.

Jene Christenmutter hatte im Glauben das Wesentliche an Jesus ergriffen. Dass Jesus Sünde vergibt und von Schuld entlastet, das ist wichtiger, als dass er körperliche Wunder erfahren lässt, dass er Heilungen vollbringt und noch einmal Gnadenfristen gewährt. Der ganze Bruch unseres Lebens, voll des Versagens und des Fragmentarischen, ja auch des Bösen und Peinlichen, ist der unappetitliche Werg, den Gott in schöpferischem Wunder mit dem Feuer des Glaubens entzünden will. Jesus wird dort glaubend ernst genommen, wo Menschen ihn als Erlöser brauchen. Menschen dürfen sich wegen ihrer Erlösungsbedürftigkeit Jesus anvertrauen.

Das ist das Eigentliche an Jesus: Für meine Sünden in den Tod gegeben!

Wer den Namen des Herrn Jesus anruft (Römer 10,9-13), der klinkt sich damit ewiggültig in die göttliche Rettungsaktion ein. Mehr braucht es nicht! Welch eine Wohltat, gerade für Ohnmächtige! Wer also aus der Sinnlosigkeit irdischer Existenz herauskommen will, wer in den Himmel kommen möchte, wer die Ewigkeit Gottes zu erreichen ersehnt, der hängt sich glaubend an Jesus, den Herrn. Wer gerettet werden will, der legt entschlossen alle menschlich so nahe liegenden Zweifel und Einwände ab, um sich in gespannter Erwartung ganz diesem unsichtbaren Jesus anzuvertrauen.

Der „Glaube an Jesus" ist mehr als das, was man leider bis heute landläufig so vordergründig unter „Glauben" versteht: Nämlich dass Menschen irgendetwas Ungewöhnliches für möglich halten, ja dass sie sogar mit überirdischen Erscheinungen rechnen. Glaube erschöpft sich auch nicht eigentlich in der Zustimmung zu dogmatischen Grundsätzen, so wahr und gut sie auch sein mögen. Der Glaube, der Gott wirklich „gehorsam" ist (vgl. Römer 1,5; 15,18), hält sich an Jesus. Der ist es, den Gott als Retter gesandt hat.

Jesus ist, wie er selbst von sich bekannte, „in die Welt gekommen als ein Licht, damit, wer *an ihn glaubt,* nicht in der Finsternis bleibe" (Johannes 12,46). Im Glauben an Jesus wird entdeckt: Diesem Jesus hat Gott alles göttliche Machen anvertraut.

Diesem Jesus ist aber auch kein einziger Mensch nebensächlich, der nach ewiger Rettung verlangt. Auch ich nicht! Jesus allein kann und möchte das wirken, wovon ich – bitteschön – endlich die Finger lassen soll: Er kann mich würdig machen des Wohlgefallens Gottes und der kommenden Welt. Denn alle, die an Jesus glauben, sollen nicht verloren werden, sondern das ewige Leben haben (Johannes 3,16).

Warum eigentlich immer Jesus?

Als junger Vikar tat ich Dienst im Vorzimmer des damaligen württembergischen Landesbischofs. Dabei wurde mir der würdige D. Dr. Martin Haug zu einem väterlichen Seelsorger und Lehrer. Er war es, der immer wieder mahnend daran erinnerte: „Die Christenheit wird nur dann Zukunft haben, wenn sie wieder Christus Jesus viel mehr zutraut. Die Christenheit wird nur dann lebendig sein können, wenn sie viel, viel mehr der Bibel zutraut!"

Es war, wie wenn Bischof Haug vorausgesehen hätte, wohin die damals beginnende Auflösung des Christenglaubens führen würde. Nämlich zu Formen der Religiosität und der Frömmigkeit, in denen von irgendwelchen Leuten formulierte „irischen Segensworte" wichtiger werden als die verlässlichen Gottesworte der Bibel. Das Befremdlichste jedoch ist es, dass es nicht wenige Christen gibt, die sich scheuen, von diesem Jesus Christus zu sprechen. Es heißt dann: „Was soll denn dieses fromme Jesus, Jesus, Jesus-Getue. Genügt es denn etwa nicht, an Gott zu glauben? Muss man denn unbedingt Juden und erst recht Muslime provozieren, indem man's so penetrant mit diesem Jesus hat?"

Wer den Sohn nicht ehrt, der ehrt auch den Vater nicht!

Auch ich bin schon so oder so ähnlich angegangen worden. Dass lange Dispute nichts helfen, das ist dabei meine Erfahrung geworden. Es hilft jedoch zur Sache, Jesus selbst zu Wort kommen zu lassen. Jesus hat klar diese Auskunft gegeben: „Der Vater hat alles Gericht dem Sohn übergeben, damit sie alle den Sohn ehren, *wie sie* den Vater ehren. Wer den Sohn nicht ehrt, der ehrt den Vater nicht, der ihn gesandt hat" (Johannes 5,22f).

Gott wird doch erst in seiner ganzen menschenfreundlichen Erbarmung recht erkannt, wenn er mit dem Retter Jesus zusammen gesehen wird. Wenn auch ich einmal Gott Rechenschaft geben muss von jedem unguten Wort, wenn vor

Gottes alles durchdringenden Augen mein ganzes Leben durchleuchtet sein wird, dann werde ich unsagbar froh darüber sein, dass es zusammen mit Gott auch Jesus gibt, dem Gott das Gericht übergeben hat. Also das letzte Wort über mich.

Ich jedenfalls wollte mich vor keinen heiligen Gott wagen, wenn ich nicht wüsste: Gott hat den Erbarmer Jesus an seine Seite geholt, damit wir ihn als unseren Fürbitter beim himmlischen Vater haben.

Von Gottes Vollkommenheit trennt mich unendlich viel. Je älter ich werde, desto erschreckender wird die Negativbilanz meines Lebens. Aber mit dem Heiland Jesus darf ich mich vor Gott nicht nur wagen, sondern ich darf mich auf ihn freuen.

Der ersten Christenheit war der Begriff vom „Zugang" elementar wichtig (vgl. Johannes 14,6; Römer 5,2; Epheser 2,18; 3,12; Hebräer 10, 19). Vermutlich dachten sie daran, wie einst am Sinai eine undurchdringliche Barriere unmöglich machte, dass auch nur ein einziger Mensch – ausgenommen Mose – in die Nähe Gottes kommen konnte. Gott war in seiner Heiligkeit unnahbar, unerkennbar, unerreichbar, unsichtbar, unbeschreibbar, unfassbar. Seitdem Jesus jedoch den „Weg" zum Vater eröffnet hatte (Johannes 14,6), gibt es den Jubel: „Wir sind gerecht geworden durch den Glauben ... Durch unsern Herrn Jesus Christus haben wir im Glauben den Zugang zu dieser Gnade, in der wir stehen (Römer 5,1f).

Wie unangemessen wäre es, zu fordern: „Man muss eben glauben!" Vielmehr sollten gerade schuldig gewordene und über dem Torso ihres Lebens verzweifelte Menschen viel herzlicher, viel dringlicher, viel werbender zu der Chance eingeladen werden: „Da ist eine Tür offen für dich! Ein Zugang zu Gott ist eröffnet! Glaube an den Herrn Jesus!" Mit Jesus kann man glaubend leben. Im Glauben an Jesus kann man getrost und in gespannter Erwartung sterben.

Mit Jesus – auch in der letzten Rechenschaft

Es ist vermessen, wenn Menschen sich herausnehmen zu behaupten: „Nach dem Sterben geht es bei allen Menschen irgendwie in einer besseren Welt weiter!"

Da hat Jesus anderes hören lassen. Nämlich: „Fürchtet euch nicht vor denen, die den Leib töten und danach nichts mehr tun können. Ich will euch zeigen, vor wem ihr euch fürchten sollt: Fürchtet euch vor dem, der, nachdem er getötet hat, auch Macht hat, in die Hölle zu werfen. Ja, ich sage euch, vor dem fürchtet euch" (Lukas 12,4f)!

Es war deshalb nur konsequent, dass der Apostel Paulus bei seiner Rede vor den Philosophen von Athen daran erinnert hat, dass der festgesetzte Tag kommen wird, an dem das „Gericht" stattfinden wird. Den ganzen Ernst menschlichen Existierens und auch die ganze einzigartige Bedeutung des Christus Jesus

Sogar im Jüngsten Gericht können Menschen bestehen, die Jesus gehören

hat Paulus dann so klargemacht: Gott hat den Glauben an Jesus angeboten, als er diesen Jesus auferweckt und damit allen dem Tod verfallenen Menschen unübersehbar groß und wichtig gemacht hat. Auf solchen Glauben an Jesus kommt es im kommenden Gericht an (vgl. Apostelgeschichte 17,31).

Eigentlich müsste doch allen Menschen diese letzte Verantwortung mehr Bange machen als das Sterben. Schließlich kommt ja dies nach dem Sterben, dass einmal Menschen – auch gerade die Christen – vor dem Weltenrichter Jesus sogar über jedes ihrer nichtsnutzigen Worte Rechenschaft geben müssen (Matthäus 12,36), Jedoch gerade dann, wenn vor dem „Richterstuhl des Christus" alle Menschen offenbar werden müssen mitsamt alledem, was sie an Gutem und an Bösem getan haben (2. Korinther 5,10), dann soll es wahr werden, dass „alle, die an Jesus glauben, nicht verloren werden, sondern das ewige Leben haben" (Johannes 3,16).

Sogar im kommenden Gericht über Lebende und Tode können Menschen bestehen, die Jesus gehören. Für sie gilt die Zusage ihres Herrn Jesus: „Gott hat seinen Sohn nicht in die Welt gesandt, dass er die Welt richte, sondern dass die Welt durch ihn gerettet werde. Wer an ihn glaubt, der wird nicht gerichtet; wer aber nicht glaubt, der ist schon gerichtet, denn er glaubt nicht an den Namen des eingeborenen Sohnes Gottes" (Johannes 3,17f). Darum gilt auch für sündige Menschen, die sich glaubend an Jesus hängen: „Er hat den Schuldbrief getilgt, der mit seinen Forderungen gegen uns war, und hat ihn weggetan und an das Kreuz geheftet" (Kolosser 2,14).

Die Einzigartigkeit des Retters Jesus besteht ganz entscheidend darin, dass er Menschen aus der Verlorenheit herausholen kann. Er kann sie rettend aus der Rutschbahn hin zum Abgrund zu sich herausholen.

Ein moderner Schriftsteller, der sich gar nicht als Christ deklarieren würde, schrieb gut überlegt und gut verantwortet nieder: „Ohne eine übernatürliche Rettungsaktion ist doch unsere ganze irdische Existenz sinnlos!"

Das kann man erkennen, wenn man nicht ganz mit Blindheit geschlagen ist. Darum hatte es Jesus nicht nötig, zu drohen mit der Hölle, mit ewigem Verderben, mit ewiger Gottferne. Gelegentlich, aber zugleich unüberhörbar, sprach Jesus von dem allem. Aber niemand sollte – wie vom Höllenhund gejagt – zu ihm flüchten. Sondern „wer aus der Wahrheit ist, der hört seine Stimme" (Johannes 18,37). Wer gegenüber sich selbst ehrlich ist, wer erst recht gegenüber Gott ehrlich wird, der hört als rettende Chance die Stimme des Jesus: „Wer zu mir kommt, den werde ich nicht hinausstoßen" (Johannes 6,37).

Ich würde mein Konto unverantwortlich überziehen, wenn ich Schrecken erregend ausmalen wollte, wie denn solches Hinaus-Stoßen aussehen wird. Viel wichtiger ist es mir, Menschen anzustecken mit dem heiligen Entschluss: Ich möchte nicht zu denen gehören, die nach dem Sterben und erst recht in jener kommenden letzten Verantwortung nicht vom Heiland Christus Jesus angenommen werden! Vielmehr möchte ich gespannt darauf sein, wie es Jesus wahr machen wird, was er selbst feierlich erklärt, ja was er von seinem himmlischen Vater erbeten hat: „Vater, ich will, dass, wo ich bin, auch die bei mir seien, die du mir gegeben hast, dass sie meine Herrlichkeit sehen, die du mir gegeben hast" (Johannes 17,24).

Jesus will die Seinen bei sich haben! Sie sollen also nicht dem Vergehen ausgeliefert sein, nicht der Schuld überlassen, nicht der ewigen Dunkelheit überantwortet. Der Apostel Paulus hat das begriffen, als er tröstend schrieb: „Gott hat uns nicht bestimmt zum Zorn, sondern dazu, das Heil zu erlangen durch unseren Herrn Jesus Christus, der für uns gestorben ist, damit, ob wir wachen oder schlafen, wir zugleich mit ihm leben" (1.Thessalonicher 5,9f).

Jesus kann vom „zukünftigen Zorn erretten" (vgl. 1. Thessalonicher 1,10). Es soll doch wahr werden: „Ich will schauen dein Antlitz in Gerechtigkeit, ich will satt werden, wenn ich erwache, an deinem Bilde" (Psalm 17,15).

Der Auferstehung würdig?

Das Sterben ist der Crash-Test des Glaubens. Mindestens für jeden, der einigermaßen nüchtern mit dem Sterben rechnet. Da muss doch die Frage aufbrechen: „Ist denn das ganze Vertrauen auf Jesus nicht doch ein frommer Schmus? Wird denn nicht im Sterben deutlich, dass Gott auf mich verzichten kann? Ja, ist das Sterben der Menschen nicht doch ein Hinweis darauf, dass Gott keinen von uns Menschen brauchen und in seiner heiligen Nähe dulden kann?"

Jesus hat einmal mit letztem Ernst davon gesprochen, dass man „gewürdigt werden" muss, „jene Welt zu erlangen und die Auferstehung von den Toten" (Lukas 20,35). Aber wer kann denn selbstsicher behaupten, er habe diese Würdigkeit erreicht?

Menschliche Rechtschaffenheit ist wie ein schönes Kleidungsstück mit vielen störenden Flecken

Die Bibel berichtet von einem Elifas von Teman. Der vernahm mitten in tiefer Nacht, als alle anderen Menschen süß schlummerten, ein Flüstern. Das löste bei ihm Furcht und Zittern aus, alle seine Gebeine erschraken, die Haare standen ihm zu

Berge, als er eine Stimme hörte, die fragte: „Wie kann ein Mensch gerecht sein vor Gott, gerecht vor dem, der ihn gemacht hat" (vgl. Hiob 4,12-17)? Wenn sich der Mensch vor seinem Schöpfer verantworten muss, wenn er Rechenschaft ablegen muss darüber, was er denn aus dem ihm anvertrauten Leben gemacht hat, dann kann der Mensch seinem Schöpfer gegenüber „auf tausend nicht eins antworten" (vgl. Hiob 9,3), es wird ihm nicht eine einzige Rechtfertigung möglich sein.

Eigentlich müsste doch allen Menschen die Frage auf den Nägeln brennen: „Wie stehe denn ich vor Gott da, wenn ich mich vor meinem Schöpfer verantworten muss?" Es wird ja nicht behauptet – schon gar nicht in der Bibel –, dass der Mensch alles falsch macht. Es ist nirgends zu lesen, dass der Mensch überhaupt nichts Gutes wirken kann. Der Mensch kann, wenn er nur will, unvorstellbar viel Gutes wirken. Unsere Rechtschaffenheit kann uns umgeben wie ein prächtiges Gewand, sie kann uns kleiden wie eine strahlend weiße Weste. Aber genau solch ein Festgewand ist auch empfindlich. Ich trage gerne schwarze Hemden, weil man auf ihnen die Flecken nicht so auffallend sieht. Anders ist es mit strahlend weißen Hemden. Es heißt einmal in der

Bibel: „Alle unsere Gerechtigkeit ist wie ein beflecktes Kleid" (Jesaja 64,5). Es ist ja nicht hinten
und vorne alles in den Schmutz getreten worden,
wenn ein festliches weißes Hemd einen Fleck bekommen hat. Vielmehr ist da nach wie vor viel
strahlendes Weiß. Gerade deshalb stört ja der
Fleck so empfindlich.

In der Erinnerung sehe ich noch ganz lebendig
die Szene vor mir: Bei einer Trauerfeier hatte der
freie Beerdigungsredner zu den erwachsenen
Töchtern der Verstorbenen liebevoll und zugleich
anerkennend gesagt: „Ihr habt Jahre hindurch
eure Mutter treu und selbstlos gepflegt, ihr habt
ihr viel Liebe zurückgegeben, die ihr einst von ihr
empfangen hattet!" Da brachen die Töchter in
haltloses Schluchzen aus. Denn gerade über
diesen so anerkennend gemeinten Worten wachte
bei ihnen das Gewissen auf. Sie wurden daran erinnert, dass sie eben oft auch ungeduldig waren,
dass sie doch noch ganz anders hätten Liebe erweisen können, dass sie oft auch mit dem
Gedanken gespielt hatten, es möge doch auch einmal mit der schwierigen Pflege zu Ende gehen. Ja,
„alle unsere Gerechtigkeit ist wie ein beflecktes
Kleidungsstück".

In unserer Welt gibt es zweifellos Gerechtigkeit,
Güte, Treue, Selbstlosigkeit, samt Opferbereit-

schaft, Ermutigung, Durchhaltekraft und Treue. Aber gerade darum sind die Flecken umso bedrückender, ärgerlicher, verzweiflungsvoller. „Wie kann denn ein Mensch gerecht sein vor Gott?" Diese Frage müsste Menschen schlaflose Stunden in den Nächten kosten. Denn dieses Manko ist eine elementar menschliche Not, menschheitsweit. Das ist doch die Sehnsucht, die so viele Weltreligionen prägt, als Mensch von allen Befleckungen gereinigt zu sein und anstelle des zerschlissenen Pilgerkleides des Leibes das weiße, reine Kleid der Gerechtigkeit tragen zu können.

Gott macht Sünder gerecht

Diese Sehnsucht nach Gerecht-Werden will der Vater des Christus Jesus stillen. Er erlegt nicht neue Bußriten auf, nicht Waschungen, nicht Wallfahrten, nicht Wiedergutmachungen. Der Vater des Erbarmers Jesus fordert auch keine Vergeistigung als Vorleistung. Vielmehr gilt bei ihm, wenn andere an meinen Ecken und Kanten herummäkeln, ja wenn ich selbst vor Scham über so manches am liebsten in den Boden versinken möchte: Gott macht gerecht jeden, der an Jesus glaubt!

Auf dieses Wunder weist die Bibel hin. Dort ist zu lesen: „Wer will beschuldigen? Gott ist hier, der gerecht macht! Wer will verdammen? Christus ist hier ..." (Römer 8,33f). Noch atemberaubender heißt es: „Gott macht Gottlose gerecht" (Römer 4,5), nämlich solche, die Gott solches Wunder zutrauen.

So werden Menschen der Auferstehung würdig

Solch ein Wunder ist möglich. Jesus hat das uns Menschen wissen lassen. Er hat im Gleichnis erzählt von einem vorbildlich lebenden Frommen. Der dankte im Gotteshaus seinem Gott dafür, vor so vielen Versuchungen und Fehltritten bewahrt worden zu sein. Laut pries er Gott dafür, dass er ihn zu umfassender selbstloser Mildtätigkeit bereit gemacht hatte und zu ehrlicher Frömmigkeit. Weit hinter dem frommen Beter stand ein kleiner Ganove. Der konnte nur leise flüstern: „Gott, sei mir Sünder gnädig!" Mit diesem Gleichnis wollte Jesus ein für allemal klar machen: Bittet doch als arme Sünder um die Gnade Gottes, so wie jener Mensch mit seinem verpfuschten Leben gebetet hat. Denn von dem galt: „Er ging hinab in sein Haus *gerechtfertigt*, nicht jener" (Lukas 18,9-14). Er wurde *gerecht gemacht!*

Mit diesem Verb hat Jesus das unüberbietbare Wunder Gottes beschrieben. Dies Wunder ist wirkungsvoller, staunenswerter, unerklärlicher als alle Lebensverlängerungen und Heilungswunder. An denen, die betend verlangt hatten „Herr, sei mir Sünder gnädig!", wird wahr werden: „Selig sind, die hungert und dürstet nach der *Gerechtigkeit,* denn sie sollen satt werden" (Matthäus 5,6).

Gemeint ist: So sind sie gewürdigt der Auferstehung und der kommenden Welt Gottes. So! Allein so.

Damit kann man leben und sterben

Gott macht Gottlose gerecht! Das war es, was der Apostel Paulus wie kein anderer aufgegriffen und bekannt gemacht hat. Darum lautete der Spitzensatz seiner Missionspredigt: „Gerecht gemacht wird jeder, der an diesen (Jesus) glaubt" (Apostelgeschichte 13,39). Auf diese Zentralwirklichkeit kam es Paulus, dem Boten des Jesus Christus, entscheidend an: Gott macht jeden gerecht, der an Jesus glaubt! Es ist wie eine Variation desselben Themas, wenn Paulus wieder und wieder betont: „Sünder werden *gerecht* gemacht durch die Erlösung, die durch Christus Jesus geschehen ist" (Römer 3,29f). „Der Mensch wird *gerecht* ohne des Gesetzes Werke, allein durch den Glauben" (Römer 3,28). Aus Gnade macht Gott Gottlose *gerecht* Römer 4,4+5). Die „Fülle der Gnade" besteht nicht in diesen oder jenen Wohltaten oder in auffallen-

Jeder, der an Jesus glaubt, wird gerecht gemacht

den „Gnadengaben", sondern in der „Gabe der Gerechtigkeit" (Römer 5,17). Die Gnade des Christus Jesus „hilft aus vielen Sünden zur Gerechtigkeit" (Römer 5,16).

Natürlich hätte Paulus auch all das sagen können, was heute so oft das missionarische Werben von Christen prägt: „Komm zu Jesus! Bei ihm wird dein ganzes Leben anders, es wird tief, es bekommt Horizonte, es wird froh und hell bei Jesus. Jesus löst deine Probleme, Jesus hat Antwort auf deine existentiellen Fragen!" Mit alledem wäre Paulus ja gar nicht ganz daneben gelegen. Aber Paulus wollte sich nicht lange bei Zweitrangigem aufhalten. Vielmehr wollte er bewusst machen, was jeder Mensch elementar braucht, wenn er nicht umsonst gelebt haben soll. Darum sprach er von der wirklich einzigen Möglichkeit, wie denn ein normaler Mensch gerecht sein kann vor seinem Schöpfer: „Jeder, der an Jesus glaubt, wird von Gott gerecht gemacht!"

In Johann Sebastian Bachs Motette „Jesu, meine Freude" klingt jubilierend der Chor auf: „So ist nun nichts, nichts, *nichts* Verdammliches (also „Verdammenswertes") an denen, die in Christus Jesus sind!" Das ist es! Da mag es noch genug Anstößiges geben, viel Ärgerliches, Störendes, ja sogar Verdammenswertes. Aber wenn Menschen eingehüllt sind in die Gegenwart des gerechten Jesus, dann ist sogar all das Verdammenswerte zugedeckt, ausgelöscht, aus der Anklage gestrichen.

Keiner soll doch mehr ängstlich zusammenzucken müssen, wenn ihm Schweres widerfährt!

Er soll dann nicht fragen müssen: „Will Gott mir etwas heimzahlen? Will er mir auf die Finger klopfen?" Keiner sollte mehr patzig-empört aufbegehren müssen: „Warum passiert das mir? Es gibt doch schließlich Menschen, die es eigentlich mehr verdient hätten als ich, die gelbe Karte gezeigt zu bekommen!"

Vielmehr sollen wir gerade dann, wenn Leiden über uns kommt, so sagen können, wie wir es beim Seelsorger Paulus lernen können: „Leiden?

Ja, die habe ich natürlich, weil ich so der Gemeinschaft mit Jesus gewürdigt bin, dass ich auch an seinen Leiden teilhabe" (Römer 8,17; 2. Korinther 1,3).

Die Gerechten sind in Gottes Hand

Gerechtigkeit vor Gott ist uns dadurch verliehen, dass Gott uns den Christus gegeben hat! So hat es der große Tübinger Schriftausleger Adolf Schlatter gelehrt. Denn „Christus Jesus ist uns *gemacht* von Gott zur ... *Gerechtigkeit*" (1. Korinther 1,30). An Jesus zu glauben ist nun einmal mehr und anderes als religiöses Kopfwissen. An Jesus glauben bedeutet: An Jesus angeschlossen sein wollen und angeschlossen sein! Wer sich glaubend Christus zuwendet, hat Gemeinschaft mit Jesus. Er wurde um unserer Sünde willen ans Kreuz gegeben und wegen unserer Gerechtigkeit auferweckt, damit wir Anteil haben können an seiner Gerechtigkeit, an seiner Kraft, an seiner Weisheit. So macht Gott gerecht!

Menschen können sich keine Vorstellung davon machen, wie sehnsüchtig Gott darauf wartet, dass sich Menschen durch Jesus gerecht machen lassen! Wie viel Druck könnten sie sich sparen, was sie eigentlich alles noch leisten sollten, bevor Gott Freude an ihnen haben kann! Wie viel Angst vor dem Crash-Test des Sterbens könnte verfliegen! Wie viel strahlender Glanz könnte trotz aller Vergänglichkeit über ihrem Leben liegen, wenn wahr würde: „Nun wir denn sind gerecht geworden durch den Glauben, so haben wir Frieden mit Gott durch unseren Herrn Jesus Christus" (Römer 5,1).

Christus ist uns gemacht von Gott zur Gerechtigkeit

Seit mehr als zehn Jahren habe ich eine Heimat gefunden in der Evangelischen Brüdergemeinde Korntal. Dort ist es Brauch, dass die verstorbenen Gemeindeglieder in einem weißen Sarg bestattet werden. Der abgelegte, leblose, in Verwesung übergehende Körper ist noch durch und durch geprägt von Hinfälligkeit; von Herrlichkeit ist aber auch gar nichts zu sehen. Schließlich werden mir auch erst noch mit Herrlichkeit überkleidet werden. Aber der blendend weiße Sarg soll ein Hinweis darauf sein, dass bei Glaubenden sogar die befremdlichsten Unvollkommenheiten bergend eingehüllt sind in die Gerechtigkeit, die Jesus seinen Leuten schenkt. „Der Gerechten

Seelen sind in Gottes Hand, und keine Qual rührt sie an. In den Augen der Unverständigen gelten sie als tot, und ihr Abscheiden wird für Strafe gehalten und ihr Weggehen von uns für Verderben. Aber sie sind im Frieden" (Weisheit Salomos 3,1f).

Nüchtern werden

„Wir müssen durch viele Bedrängnisse in das Reich Gottes eingehen" (Apostelgeschichte 14, 22). Das war es, was vom Anfang der Christenheit an in das Bewusstsein gehämmert werden musste. „Alle, die fromm leben wollen in Christus Jesus, müssen Verfolgung leiden" (2. Timotheus 3,12).

Dann ist es aber doch keine Panne, wenn Christen nicht vor Schmerzen bewahrt werden. Es ist kein Konstruktionsfehler des Christenglaubens, wenn gerade Christen unter schrecklicher Ohnmacht leiden, wenn sie Enttäuschungen mit Kindern und Enkeln erleben und mit sich selbst erst recht. Wenn Trauer um Angehörige und Angst sie lähmen, dann hat Jesus weder geschlafen, noch hat er seine Leute aus dem Blick verloren. Im Gegenteil! Dann sind die, die Christus gehören, in die Spezialbehandlung Gottes aufgenommen worden. Die gibt es. Sie hat das Programm: „Durch Leiden zur Herrlichkeit" (vgl. Römer 8,17)! Es muss doch alles erst durchs „Zergehen" hindurch, damit Gottes neue Welt beginnen kann (vgl. 2. Petrus 3,11-13).

Gott muss manches abbrechen von dem, was uns lieb ist, bevor er das wirklich Neue schaffen kann

Natürlich kann man Gott danken, wenn man unverdientermaßen gesund alt werden darf und darüber Gottes Bewahren, seine Wunder und sein Durchhelfen erlebt. Aber mit dem allem ist nicht erwiesen, dass wir Kandidaten der kommenden Welt Gottes sind. Wem es um die Spezialbehandlung von Jesus geht, der darf sich meines Erachtens nicht festkrallen in das Betteln: „Ach erhalte doch meine Gesundheit, wirke Genesung, lass mich nicht so rasch sterben, tu doch Wunder!" Jesus will doch gerade an seinen zerbrochenen Leuten erweisen, dass er sie tragen kann und wie er herrlich sie zu tragen vermag.

Wie sehne ich mich danach, dass Jesus noch einmal ein paar Christen aus der schrecklichen Unnüchternheit unserer Tage herausholt! Den neuen Leib, die neuen Menschen, die neuen Gemeinden, die neue Welt, die gibt's nicht hopplahopp. Die werden nicht durch Strategien und Parolen geschaffen. Gerhard Teerstegen hat das noch gewusst: „Es geht durchs Sterben nur" (EG 393,3). Wir müssen ertragen und verstehen lernen: Gott muss uns lieb Gewordenes abbrechen, bevor er das wirken kann, was wirklich das Etikett „neu" verdient. Auf diesem Hintergrund wollen die Worte des Apostels gehört werden: „Darum werden wir nicht müde; sondern wenn auch unser äußerer Mensch verfällt, so wird doch der innere von Tag zu Tag erneuert. Denn unsere Trübsal, die zeitlich und leicht ist, schafft (!) eine ewige und über alle Maßen gewichtige Herrlichkeit für uns, die wir nicht schauen auf das Sichtbare, sondern auf das Unsichtbare" (2. Korinther 4,16-18).

Abbruch im Zeichen des Neuen

„Der äußere Mensch verfällt". Also der Körper, mindestens der. Mit ihm aber auch unser ganzes Wesen. Viele Menschen haben vor dem Altwerden und vor dem Schwachwerden Angst. Schließlich haben sie bei Eltern und Großeltern erlebt, was dabei zu Tage kommen kann. Wie belastend ist doch deren Schwachheit, sind aber auch deren Eigenheiten! Die Ecken und Kanten, die Ungeduld und das Bösartige, das Launische und das Unbedachte, das Lieblose und Zornige wird oft erst dann recht sichtbar. Denn plötzlich greifen die durch Anstand anerzogenen Bremsen nicht mehr. Die Mechanismen der Tarnung erweisen sich als ausgeleiert.

„Der äußere Mensch verfällt!" Wir können auch als Christen Angst davor bekommen, dass wir nicht mehr gebraucht werden, ja dass nicht einmal mehr etwas gegeben wird auf unseren Rat und unsere Erfahrung, und dass wir nichts mehr leisten können. Worauf jedoch Gott beim Abbrechen des „äußeren Menschen" aus ist, das ist atemberaubend! Gott will es doch dazu bringen, dass wir immer mehr wirklich ganz und echt Jesus gehören.

Früher oder später erfahren ja alle Menschen

dieses Dahinwelken, dieses Zerfallen. Meist kommt es schubweise. Spätestens beim Älterwerden wird dies alles gestrichen, was uns so wertvoll ist, und zwar Posten um Posten. Ersatzlos.

Wenn jedoch Christus bei seinen Leuten am Wirken ist, dann wird gar nichts „ersatzlos" gestrichen. Noch nicht einmal beim Sterben der Allernächsten möchte Jesus ersatzlos streichen. Vielmehr möchte dann Jesus einziehen. Er möchte die ihm zustehende Wohnung beziehen. Die Bibel sagt es noch einmal ganz anders – und wir spüren geradezu den heißen Atem des Apostels, wenn ihm über dem Diktieren fast die Worte ausgehen, und er nur noch stammeln kann: „Wenn der äußere Mensch verdirbt, dann ‚schafft' diese Trübsal eine ewige und über alle Maßen gewichtige Herrlichkeit". Dann wird die Herrlichkeit wahr, von welcher der Apostel immer staunend geredet hat: „Christus in euch, die Hoffnung der Herrlichkeit" (vgl. Kolosser 1, 27)!

Jesus streicht bei seinen Leuten nichts ersatzlos

Wohnraumbeschaffung für Jesus

Nach Kriegsende wurden wir ausgewiesen aus dem Dorf, in das wir wegen des Bombenkrieges evakuiert worden waren. Hals über Kopf kehrten wir zurück in das zerstörte Stuttgart, die Mutter mit uns sechs Kindern. In unserer Stuttgarter Wohnung, die kaum beschädigt war, hatte sich eine fremde Familie eingenistet und wohnlich breit gemacht. Was für ein Schrecken muss es für sie gewesen sein, als wir unangemeldet vor der Glastür standen und klar machten: „Jetzt müssen Sie eben zusammenrücken! Denn diese Wohnung gehört ja uns. Es mag für Sie überraschend und beschwerlich sein, wenn wir so unerwartet auftauchen. Aber es ist rechtmäßig, wenn wir hinein wollen!"

So ähnlich geht es Leuten, die zu Jesus gehören wollen. Der „äußere Mensch" muss sich einschränken; denn Jesus will rechtmäßig Platz in den Seinen gewinnen. Je mehr der äußere Mensch verfällt, desto mehr soll für Jesus Platz geschaffen sein. Jesus will „durch den Glauben in den Herzen wohnen" (vgl. Epheser 3,16f). Das hatte ja Jesus selbst angekündigt: „Wer mein Wort halten wird, zu dem werden mein Vater und ich kommen und Wohnung bei ihm nehmen" (Johannes 14,23).

Dass das möglich ist, das ist die Frucht vom Sterben und Auferstehen des Heilandes Jesus. Bis dahin waren Heilungen, Auferweckungen, Speisungen Höhepunkte seiner Zuwendung zu Menschen. Seit dem Sterben und Auferstehen von Jesus ist das anders geworden. Jesus hat es fest gemacht und in Kraft gesetzt, dass er sich auf das Innigste mit denen verbinden will, die ihm der Vater gegeben hat. Das ist dann Größeres als alle Heilungen, die doch nur Heilungen auf Zeit sind. Jesus aber will bei den Seinen das wirken, was ewig gilt.

„Christus in uns", das war um 1810 die biblische Entdeckung von ein paar frommen katholischen Priestern im bayerischen Allgäu. Jesus schenkte ihnen, dass sie die so genannte „Allgäuer Erweckungsbewegung" auslösen konnten. Deren Impulse waren quer durch Deutschland und sogar bis weit hinein in das Russische Reich spürbar. Über Martin Boos (1762-1825), das Haupt der Erweckungsbewegung, wurde gesagt: „Am lebendigsten und kräftigsten war die Ausstrahlung seines Glaubens, wenn er im Feuer der Verfolgung stand, wenn er von allen Seiten

Christus in uns, die Hoffnung der Herrlichkeit!

91

angefochten wurde durch Lästerungen, Drohungen, Inquisitionen und Einkerkerungen. Dadurch lernten viele kennen – mehr noch als durch seine Verkündigung –, dass es das wirklich gibt, dies Christus in uns!"

Eigentlich hätte doch die ganze armselige Christenheit schon längst zugrunde gegangen sein müssen an der eigenen Bedürfnislosigkeit, an ihrem ausgedörrten Glaubens-Grundwasserspiegel, an ihrem harmlosen Tolerieren von Missglauben und Unglauben! Aber nun hat Gott immer wieder bei einzelnen Gewürdigten und Auserwählten darauf hingewirkt, dass in ihnen Christus Jesus Raum gewinnen kann. An ihnen wurde und wird erkennbar: So ist das Christsein eigentlich gemeint, nämlich durch Leiden und Trübsal zur Gottesherrlichkeit! Eben wie bei Jesus. Und dann wie bei Hofacker und bei Bonhoeffer.

Die Welt um uns herum und viele Christen mit ihr gieren nach Begeisterndem, nach Wundern, nach Sieg. Dabei wäre doch viel wichtiger, dass Christus in Menschen Wohnung nehmen kann.

Kein Müdewerden, kein Verzagen, bitte!

„Wir werden nicht müde, wir verzagen nicht!" Auch wenn der „äußere Mensch" verfällt! Das ist von Paulus nicht einfach leichthin so dahin gesagt. Er wusste, wie sehr man verzagt sein, wie sehr man müde werden kann. Er hatte es selbst erlebt. Ungeschminkt hat er davon berichtet. Gleich zu Beginn seines Briefes an die Korinther erzählte er: „Wir waren so in Bedrängnis, wir waren so über alle Maßen beschwert, so über all unsere Kraft gefordert, dass wir am Leben verzagten. Wir hielten es für ausgemacht, wir müssten sterben. Das geschah aber (dazu), dass wir unser Vertrauen nicht auf uns selbst setzten, sondern auf Gott. Er weckt Tote auf" (2. Korinther 1, 8f). – Was für ein Staunen des Apostels: Da ist ja mitten in schauerlichsten Bedrängnissen Gott am Werk ge-

Bitte keine religiösen Aufputschmittel!

wesen! Nicht „trotz der Bedrängnisse"! Vielmehr hat Gott die Bedrängnisse gewirkt, „damit wir unser Vertrauen nicht mehr auf uns selbst setzen!"

Christen können elend müde werden. Unheimlich verzagt. Früher habe ich das nicht gewusst, dass selbst bewährt scheinende Christen elementar ins Zweifeln kommen: „Ist es denn etwa doch nichts mit meinem Glauben? Habe ich mir selbst etwas vorgemacht mit meinem Vertrauen auf Jesus? Ich wollte doch allem Widrigen mutig trotzen als rechter Christ, aber jetzt bin ich so schwach. Es ist alles so anders als am Anfang des Glaubens. Ich bin so maßlos enttäuscht. Mein Christsein ist zwar noch nicht ganz ins Stocken geraten, aber es ist so voll von Routine. Auch das Beten. Die Worte der Bibel wollen nicht mehr richtig sprechen. Ist denn das mit Christus nur Einbildung gewesen? Selbstbetrug? Illusion?" Wer bang so fragt, der braucht keine Aufputschmittel, die ihn wieder „auf Touren bringen". Keine begeisternde Stimmung soll dazu verführen, Heilung zu erwarten. Kein religiöses Reizklima kann doch das geben, was Jesus so gerne zerbrochenen Menschen und innerlich ausgebrannten Christen sein möchte. Jesus Christus allein kann es dazu kommen lassen, dass um und um äußerlich zerbrochene Menschen nicht müde bleiben. Sondern dass sie „Tag um Tag" erneuert werden.

Gespannt sein auf „mehr Jesus"

Niemand muss verzweifeln, wenn der „äußere Mensch" verfällt. Wer zu Jesus gehört, der steht doch dann nicht am Rand eines Abgrunds. Sondern Menschen, die mit Jesus verbunden sind, stehen auf des Heilandes Liste als Kandidaten seiner kommenden Herrlichkeit. Sie sollten darum auch nicht Jesus vorschreiben: „Wenn du überhaupt etwas kannst, dann repariere meinen maroden Körper!" Vielmehr sollten sie nüchtern mitten im Zerbrechen des „äußeren Menschen" damit rechnen: „Der innere Mensch wird ‚Tag um Tag' erneuert!"

Einst bei der Wüstenwanderung Israels wurde täglich das zugeteilt, was nötig war (vgl. 2. Mose 16,4). So soll es auch mit der Jesusnähe sein. Gott will uns die Ration an Jesus-Gegenwart zuteilen, die an jedem neuen Tag nötig ist. Unnüchtern ist es, mehr zu erwarten. Der Gott, der Jesus für uns auferweckt

Mitten im Zerbrechen des Körpers wird der innere Mensch erneuert

hat, damit wir Jesus haben und mit ihm leben können, der lässt uns nicht hängen. Keinen Tag!

Manchen Christen kommt das als „zu wenig"

vor. Sie hätten gerne einen Vorrat zur Sicherheit, sozusagen als „Notration" für besonders schwierige Zeiten. Sie hätten es auch so gerne, dass sie an sich selbst entscheidend mehr Jesus-Herrlichkeit entdecken könnten. Paulus jedoch machte klar: „Wir sehen auf das Unsichtbare" – auf das also, was jetzt noch nicht zu sehen ist, was aber garantiert kommen wird. Jesus wird, wenn er kommt, mit einem Mal „unseren vergänglichen Leib verwandeln" (vgl. Philipper 3,20f). Da wird dann seine unvorstellbare Herrlichkeit überspringen auf uns und so unsere Armseligkeit in Herrlichkeit verwandeln. Dann erst wird richtig offenkundig werden, was Jesus aus den Bruchstücken unseres Lebens machen kann.

Ende 1929 forderte Stalin die „Liquidierung des Kulakentums", also die Vernichtung der selbständigen Bauerntums in Russland. Über eine halbe Million Landwirte wurden von ihren Familien weggerissen und im Winter 1929/30 nach Sibirien deportiert. Darunter waren auch viele fromme deutschstämmige Siedler aus Südrussland und der Krim. Von einem Jakob Eisenmann sind im Stuttgarter Institut für Auslandsbeziehungen Tagebuchseiten erhalten. Eigentlich sollte man erwarten, der fromme Familienvater hätte, im eiskalten Viehwagen eingepfercht, zu Gott gefleht: „Lass mich doch befreit werden und wieder zu meiner Familie kommen, aber verschaffe doch wenigstens jetzt eine wärmende Decke und ein bisschen Brot!" Statt dessen – es ist tief bewegend, das heute zu lesen – sagte Jakob Eisenmann zu seinen Mitgefangenen, als der Gefangenentransport unwiederbringlich über die Landenge von Perekop Sibirien entgegen fuhr: „Jetzt wollen wir beten und singen ‚Jesus, geh voran!' Vor allem aber: ‚Ordne unsern Gang, Jesus, lebenslang, führst du uns auch raue Wege, gib uns auch die nöt'ge Pflege. Tu uns nach dem Lauf, deine Türe auf!"

Dieser Jakob Eisenmann wartete gespannt auf „mehr Jesus!" selbst in den Vernichtungslagern. Er wartete gespannt auf den geöffneten Himmel Gottes über der eiskalten Tundra Sibiriens. Erst recht wartete er – mitten im Verfallen des „äußeren Menschen" – auf die weit geöffnete Tür der ewigen Herrlichkeit Gottes. Denn „wir sehen nicht auf das Sichtbare, sondern auf das Unsichtbare", auf das „Ewige". Dorthin wollte er auch seine Schicksalsgenossen mitnehmen.

Auf das Kommen des Lebensfürsten warten

Auf „mehr Jesus" kann die ganze Menschheit und mit ihr die ganze Schöpfung warten. Von diesem Erwarten heißt es in der Bibel: „Wir erwarten den Heiland, den Herrn Jesus Christus, der unsern nichtigen Leib verwandeln wird, dass er gleich werde seinem verherrlichten Leibe" (Philipper 3,20f). Christen, die zur ewigen Gemeinschaft mit Jesus berufen sind (vgl. 1. Korinther 1,9), warten auf den kommenden „Tag", auf den kommenden Triumph des Christus Jesus. Darum haben sie auch berechtigte Hoffnung über den Tod hinaus. Alle anderen Hoffnungen sind Trug. Vielmehr wird unausdenkbar schrecklich sein, an jenem „Tag" nicht Jesus zu gehören. Dass das so oft verschwiegen wird, ist die Not der volkskirchlichen Bestattungspraxis. Denn die Zukunftshoffnung ist gebunden an den kommenden Sieg und Triumph des Christus Jesus.

Mir kommt ein strahlender Sommermorgen in den Sinn. Zusammen mit drei Theologiestudenten wandelte ich über die Kieswege des Hofgartens hinter dem Bonner Schloss, unserer Universität. Wir waren in scharfe Diskussionen verwickelt. Ein Dozent hatte kühn behauptet: „Wer heute noch darauf wartet, dass Jesus einmal wiederkommen wird, der wartet auf den Sankt-Nimmerleins-Tag!"

Einer unter uns vertrat die Meinung: „Was regt ihr euch denn über diesen Ausspruch auf? Es ist doch auch gar nicht so arg wichtig, dass Jesus irgendwann einmal wiederkommt. Hauptsache ist doch, dass es nach unserem Sterben irgendwie weitergeht!"

Da fuhr einer von uns dazwischen: „Wenn Jesus nicht wiederkommt und seine neue Welt bringt, dann lege ich nicht den geringsten Wert darauf, dass es mit mir irgendwie weitergeht!" Und er ereiferte sich, dass es in meinem Erinnern bis heute nachklingt: „Irgendwie! Ach so, irgendwie! Das reicht mir nicht! Mir nicht!"

Es war ein junger Württemberger, der uns damals auf diese Weise zur Sache gerufen hat. Vermutlich hatte er bei dem schwäbischen Lehrmeister Johann Albrecht Bengel (+ 1752) gelesen und gelernt: „Es kommt doch überhaupt nicht darauf an, zu

Wenn Jesus nicht wiederkommen und seine neue Welt bringen wird, braucht es mit mir auch nicht ‚irgendwie‘ weitergehen

wissen, wie es nach dem Sterben mit dem eigenen Körper weitergehen wird! Schon einem Chemiker ist es etwas Leichtes, die gleiche Masse aus einer Form in eine andere zu verwandeln. Noch viel mehr sollten wir es der Hand des allmächtigen Schöpfers zutrauen, dass er uns zerstäuben und auch wieder lebendig machen kann. Es sollte doch nichts Schweres sein, dass wir uns ihm in die Hände befehlen. Dazu bedarf es nicht einmal besonderer Sterbekunst. Ein Kind, das sich schlafen legt, hat dazu keine Kunst nötig. So lege auch Gott mich zur Ruhe, wenn es ihm gefällt. Schlafe ich hier ein, so wache ich an einem besseren Ort auf und der Leib wird ja auch nicht zurückbleiben!"

Rechte Gottesgelehrte haben immer wieder die Christen wach gerüttelt: „Leute, denkt doch ein bisschen weiter! Es geht doch um noch einmal ganz anderes als eben um euer Weiterexistieren! Ihr gehört doch zu Jesus! Darum dürft ihr doch nicht auf die Frage fixiert sein, wie es denn nach eurem Sterben weitergeht und ob so etwas wie eure Seele weiterexistiert! Es muss euch doch viel stärker umtreiben, wann und wie denn Jesus alle seine Feinde zum Schemel seiner Füße gelegt werden! Auch und erst recht der Tod, der ‚letzte Feind'!"

Das war schon der Grundton im wohl ältesten aller apostolischen Briefe der Bibel: Wichtig ist, dass der Herr kommt und dass wir dafür bereit sind. Nämlich dass wir nüchtern und wach bleiben. Denn wir sollen, ob wir nun (bei seinem kommenden „Tag") „wachen" (am Leben sein werden) oder schlafen (verstorben sein werden), „zugleich mit ihm leben sollen" (vgl. 1. Thessalonicher 4,13ff; 5,1-11). Christen sollen doch zu denen gehören wollen, die „seine Erscheinung lieb haben" (2. Timotheus 4,8)!

An Christus Glaubende dürfen gespannt darauf sein, was der Jesus, der sie zu den Seinen gemacht hat, auch nach ihrem Sterben an ihnen tun wird. Aber noch viel mehr dürfen Christen auf das letzte Kommen von Jesus gespannt sein! Und zwar um der Ehre des Christus Jesus willen!

Natürlich ist es unvorstellbar, wie das sein wird, wenn Jesus wiederkommt (vgl. 1. Thessalonicher 4,13ff). Was jedoch uns noch unvorstellbar ist, ist darum noch lange nicht unmöglich. Es geht doch nicht so sehr darum, ob sich Menschen eine Vorstellung von dem machen können, was Jesus mit ihnen und mit der Welt vorhat. Es geht doch viel mehr darum, ob Christen dem Wort des Christus trauen. Ihr Zutrauen zu Jesus soll zur Vollendung kommen in der Gewissheit, dass Jesus, der Vollender des ganzen Gottesplans, eben auch der Vollender ihres Heils sein wird.

Wenn Jesus wiederkommen wird, wird er auch seine Auserwählten sammeln (Matthäus 24,31)! So hat es Jesus zugesagt. An den Seinen wird Jesus endgültig wahr machen: „Ich lebe, und ihr sollt auch leben" (Johannes 14,19).

Die Hoffnung festhalten

Im großen Kreis von uns Vettern und Basen war Heinz der Erstgeborene. Er war uns ein Vorbild, auch in seinem lebensbejahenden, männlichen Christ-Sein. Als blutjunger Leutnant wurde er 1941 beim Vormarsch auf Moskau schwer verwundet. Seine Kameraden legten ihn in einer Feldscheune ab. Doch er wurde vergessen. So ist er dort verblutet. Beim Toten fand man einen Zettel, den er mit letzter Kraft geschrieben haben muss. Darauf standen die Worte: „Grüßt meine Eltern, ich sterbe zuversichtlich".

Von früher Jugend an war es mir ein Leitbild, auch solche Zuversicht zu bekommen. Aber Gewissheit des Heils kann man sich nicht „ein-tun". Das ist mir klar geworden in manchen

Situationen, in denen ich kurz vor dem Sterben war.

Dass es soweit ist, merkt man nicht nur an Schmerzen und an einer nicht zu beschreibenden Kraftlosigkeit. Man merkt es auch daran, dass man von den Pflegenden und von den Angehörigen ungewöhnlich Anteil nehmend behandelt wird. In solchen Augenblicken absoluter Schwäche kann sogar bewährten Christen vieles von dem entgleiten, was ihnen bis dahin Trost und Halt gewesen war. Mir etwa gingen die Gedanken durch Kopf und Herz: Kann denn nicht völlig zu Recht Gott auf mich in dieser Welt verzichten? Wird Gott mich denn ewig annehmen können? Werde ich denn wirklich bestehen können, wenn ich nach dem Sterben vor Gottes heiliges Angesicht gerufen werde?

Das gibt's, dass man sogar als junger Mensch zuversichtlich sterben kann

In meiner Jugendzeit hat man gerne das geistliche Lied von Rudolf Alexander Schröder gesungen: „Es mag sein, dass alles fällt, dass die Burgen dieser Welt um dich her in Stücke brechen". Wir lebten ja damals in der Nachkriegszeit mit ihren Ruinenlandschaften. Tröstlich war uns darum die folgende

Liedzeile: „Halte nur den Glauben fest, dass dich Gott nicht fallen lässt, er hält sein Versprechen!"

Es ist schade, wenn in der Christenheit unserer Tage die herkömmlichen geistlichen Lieder als verstaubt und als überholt angesehen werden; denn sie sind meist entweder komprimierte, in Dichtung gefasste Bibelbotschaft, oder sie sind geistliche Verständnishilfen zu biblischen Aussagen.

So hat Rudolf Alexander Schröder mit einer einzigen Zeile geklärt, was im biblischen Hebräerbrief eigentlich gemeint ist, wenn dort so beharrlich eingeschärft wird: „Die Hoffnung festhalten, die Zuversicht bis ans Ende festhalten, am Bekenntnis festhalten" (Hebräer 3,6.14; 4,14; 6,11; 10,23). Was wollen wir denn mit verlöschenden Kräften „festhalten", wenn die Sterbensmattigkeit über uns hereinbricht wie eine alles verschlingende Woge? Doch nur die gespannte Erwartung, „dass mich Gott nicht fallen lässt". Denn – so ist es schwarz auf weiß im Hebräerbrief nachzulesen – „es ist ein köstlich Ding, dass das Herz fest werde, welches geschieht durch Gnade" (Hebräer 13,9).

Christus-Gehörende können nicht nur gespannt darauf sein, was ihr Herr Jesus Christus *nach* dem Sterben an ihnen und mit ihnen tun wird. Sie können auch gespannt darauf sein, wie Christus ihnen bis hinein in das Abscheiden aus dieser Welt Zuversicht schafft.

Gegen allen Augenschein (vgl. Hebräer 11,19) kann und will Jesus bei den Seinen die „feste Zuversicht" wirken: Jesus hat mich berufen in die Gemeinschaft mit ihm – auch wenn ich gerade jetzt davon überhaupt nichts sehe oder gar in der Hand habe! Jesus hat mich bestimmt für sein ewiges Reich – auch wenn ich kraftlos einfach nicht mehr „kann" und auf dieser Welt überflüssig bin.

Jesus hat mich gerecht gemacht – auch wenn mir jetzt noch so bewusst ist, womit ich Mitmenschen belastet und Gott betrübt habe.

Jesus lässt mich nicht fallen – auch wenn ich alles loslassen muss.

Es gibt eine „bessere Vollendung" (Hebräer 11,40), – auch wenn ich noch gerne manches geordnet oder gar zum Abschluss gebracht hätte.

Es gibt eine „bessere Auferstehung" (Hebräer 11,35) – auch wenn ich mit allen Fasern meines Sehnens gerne noch einmal vom Krankenlager aufgestanden wäre.

Es gibt ein „besseres Vaterland" (Hebräer 11,16) – auch wenn ich so gerne noch einmal in meine vier Wände zurückgekehrt wäre!

Das ist der Kern des ganzen Christenglaubens

Jesus kann und will bei den Seinen die „gewisse Hoffnung des ewigen Lebens" schaffen. In dieser „gewissen Hoffnung" ist all das „festgezurrt", was das Christsein ausmacht. Auch wenn eigentlich das alles menschlichem Verstand und menschlicher Erfahrung unvorstellbar vorkommt, so sind es doch die entscheidenden Fakten der übernatürlichen Rettungsaktion:

Jesus ist von Gott zum Retter von irdisch fehlsamen sündigen Menschen bestimmt. Jesus wirbt um solche Menschen. Er teilt ihnen sein Wort zu. Er kann und will in ihnen den Glauben schaffen. Er will sie in seine Gemeinschaft hineinholen und sie in der Verbindung mit ihm festmachen. Jesus ist es, der sie gerecht und damit der ewigen Welt würdig macht. Er allein kann sie im Tode festhalten. Er kann ihnen „gnädig sein im Gericht"

„Herr Jesus, ich bin dein!"

und sie hineinholen in seine kommende und vollkommene Welt.

In Krankheitswochen rechneten selbst fürsorgliche Ärzte wenige Chancen für mich aus. Dass ich dann doch noch einmal eine „Gnadenfrist" bekam, deutete ein Pfarrkollege so: „Du bist eben noch nicht reif für Gottes ewige Welt; du hast deine Hausaufgaben noch nicht gemacht!"

Wie es auch sei: Zu meinen „Hausaufgaben" gehörte es, zu erkennen, wie stark ich in das irdische Leben verliebt und wie elementar ich in das körperliche Existieren verkrallt bin. Es gehörte aber auch zu den „Nachhilfen" Gottes, weiter zu wachsen im Erkennen biblischer Schneisen und im Hineinwachsen in das Erbe der überkommenen geistlichen Lieder.

Auf wie viel Nüchternheit stieß ich dabei! Besonders bei dem schwäbischen Liederdichter Philipp Friedrich Hiller (+ 1769), der mit seinem bekannten „Jesus Christus herrscht als König" als Troubadour des Christus Jesus bekannt wurde.

Bei ihm finden sich die Strophen:

> „Wenn ich auch oft nichts fühle
> von froher Zuversicht,
> entzieh nur bis zum Ziele
> mir deine Gnade nicht.
> Gib mir doch ein Verlangen,
> an dem noch fest zu hangen,
> was mir dein Wort verspricht."

„So wird mein Tod mir nie zu früh
noch unversehens kommen.
Ich sage stets: Herr, ich bin hie,
hast du mich angenommen,
so nimm mich ewig zu dir ein!
Dies soll mein letztes Beten sein:
Nimm mich zu dir, Herr Jesus!"

„Fühl ich mich schwach im Beten,
und ist mein Glaube klein,
soll mich dein Geist vertreten:
Herr, hilf mir, ich bin dein!

Macht auch mein Herz mir Grauen,
der Herr sei nicht mehr mein,
so seufz ich voll Vertrauen:
Herr, hilf mir, ich bin dein!

Wenn einst es kommt zum Sterben
schätz ich mich frei und rein.
Er nahm mich an als Erben:
Er hilft mir, ich bin sein!"

Das ist der Kern des Christus-Glaubens:
„Herr, hilf mir, ich bin dein!"

Eckart zur Nieden

„Sehr geehrter Herr Isaak"

Briefwechsel mit
biblischen Senioren

64 Seiten, Hardcover
ISBN 987-3-7655-1885-0

Köstlich zu lesen! Von feinem Humor und voller
Weisheit: Eckart zur Nieden im „Briefwechsel"
mit biblischen Senioren wie Mose, Isaak & Co.

„Einfach glänzend! Wer verbindet sonst solche
Originalität mit Schreibkunst und geistlicher
Dichte ..."

Konrad Eißler

BRUNNEN VERLAG GIESSEN
www.brunnen-verlag.de